国家出版基金项目
NATIONAL PUBLICATION FOUNDATION

"十二五"国家重点出版物出版规划项目

走向世界丛书

主编　钟叔河　曾德明　杨云辉

FROM EAST TO WEST

吴汝纶东游丛录

李长林　校点

岳麓书社·长沙

吴汝纶坐像

吴汝纶像

東遊叢錄

吳汝綸著

《东游丛录》稿本扉页

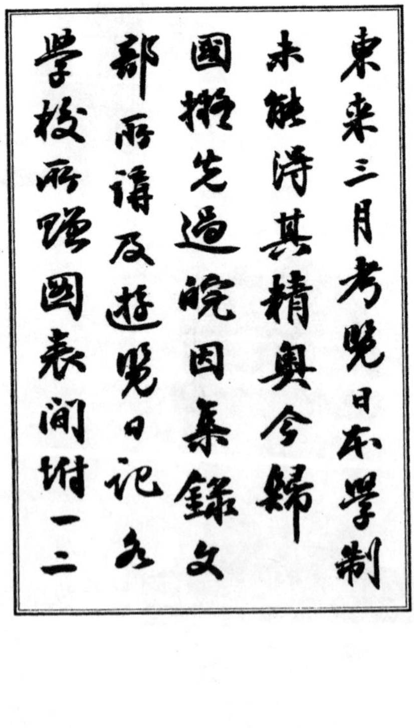

東來三月考覧日本學制
未能得其精奧今歸
國擬先過皖因集錄文
部所講及遊覧日記各
學校所贈圖表間附一二

《东游丛录》前记

《东游丛录》图表

英語	四
×體操方舞	二
課外漢文	二
計	第一學期 二六　第二學期 二四　第三學期 八　第一、二、三學期 一〇
練習	

有×印之科目，僅課女生徒者。

本科之學科課程如左。

本科學科課程

部名	學年	倫理	聲樂 獨唱歌	聲樂 諸重音唱歌
聲樂部時間數	第一年	一	三 練習四	五
聲樂部時間數	第二年	一	二 仝上四	五
聲樂部時間數	第三年	一	三 仝上四	五
器樂部時間數 Piano, Organ. 專門	第一年	一		三 五乃至
器樂部時間數 Piano, Organ. 專門	第二年	一		三
器樂部時間數 Piano, Organ. 專門	第三年	一		三
器樂部時間數 他樂器專門	第一年	一		三 五乃至
器樂部時間數 他樂器專門	第二年	一		三
器樂部時間數 他樂器專門	第三年	一		三
樂歌部時間數	第一年	一		三
樂歌部時間數	第二年	一		三
樂歌部時間數	三年	一		三

器樂 Piano. 又Organ.	器樂 Violin. 等等	和聲學	樂典	歌文	支那詩文	西洋詩文	歷史	樂式一班	音樂史	音響學	審美學	英語若獨、佛語	×體操方舞	課外學科 生理學	課外學科 心理學	課外學科 樂器構造法	課外學科 調律法
二 練習六			一	三					二	二		三	二	一	一	一	一
二 仝上七		二		三					二			三	二	一	一	一	一
二 仝上五		二		三				二			二	三	二	一	一	一	一
三 仝上一四			一	三					二	二		三	二	一	一	一	一
三 仝上一五		二		三					二			三	二	一	一	一	一
三 仝上一三		二		三				二			二	三	二	一	一	一	一
三 仝上四	三 練習八		一	三					二	二		三	二	一	一	一	一
	三 仝上一五	二		三					二			三	二	一	一	一	一
	三 仝上一三	二		三				二			二	三	二	一	一	一	一
二 練習七			一	七			二		二	二		五	二	一	一	一	一
二 仝上八		二		七	二	三	二		二				二	一	一	一	一
二 仝上六		二		七	二	三	二	二			二		二	一	一	一	一

《东游丛录》图表

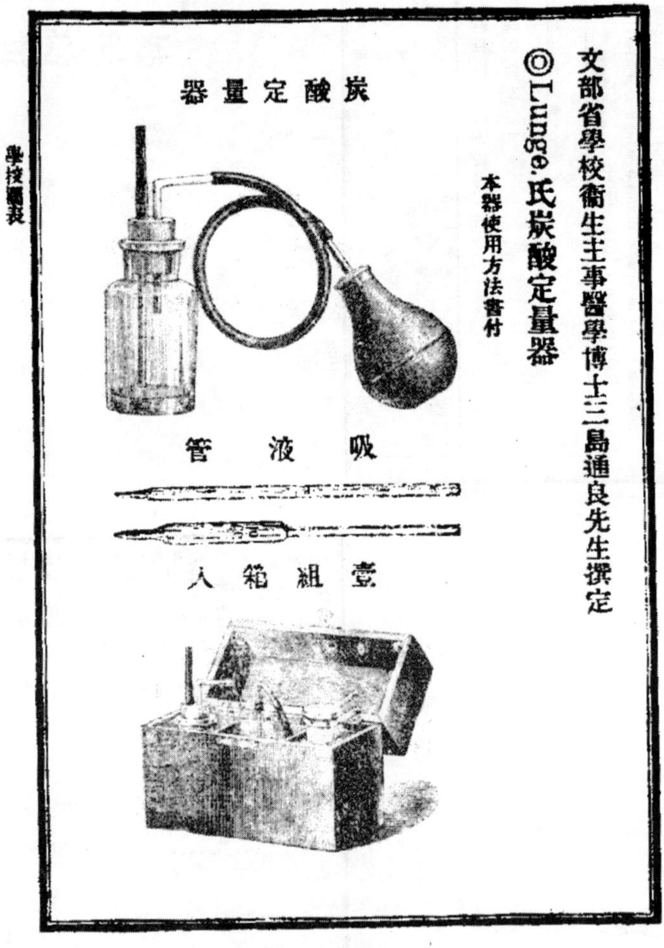
文部省學校衛生主事醫學博士三島通良先生撰定
◎Lunge.氏炭酸定量器
本器使用方法書付
炭酸定量器
吸液管
壹組箱入

《东游丛录》插图

本册总目□

□

吴汝纶东游丛录

丛书新序□

钟叔河

二〇一三年十月

“走向世界丛书”一百种，只收晚清时期 from east to west（从东方到西方）的记述，这并不等于说，只有十九世纪末二十世纪初的中国人，才需要面对走向世界的问题。

纵观人类历史，走向世界决不是什么地区性和阶段性的活动，而是不断出现在全人类发展进步过程中并与之同步的历史现象。一百万年前，人类开始从非洲进入亚洲和欧洲，一万年前，又从亚洲进入北美洲和大洋洲，就是在不断地走向世界。

从有史以来的文献、文物看，三千多年前的《奥德赛》和《出埃及记》，说的是古希腊人和以色列人走向世界——走向地中海和巴勒斯坦。两千多年前的《史记》和《汉书》，写了张骞和后来汉朝"益发使"走向世界——曾走到罗马在西亚的边陲。一千三百年前的《大秦景教流行中国碑》、七百年前的《马可·波罗游记》和四百年前的《利玛窦中国札记》，记下了阿罗本、马可·波罗、利玛窦的 from west to east，这和 from east to west 一样，都是在走向世界。

人类曾因地理、种族、制度、意识形态等原因而互相分离，甚至隔绝。夜郎国的君长初见汉使时问："汉孰与我大?"当是时，夜郎的世界僻处黔西，其"大"可知；连夜郎都未入版图，则汉之"大"亦远不如今之中国。但人为万物之灵，为了求生存谋发展，总不能老守着自己的一亩三分地，总会要想方设法走向世界——走向更广阔的外部世界。于是，汉要"通西南夷"，要前往原来"道险终不能有"的夜郎；夜郎要问"汉孰与我大"，要想改变原来"不知汉广大"的状况。由互相隔绝变而互相接近，互求了解，这就是走向世界。

走向世界，无论是自己走出去还是让别人走进来（总比让别人杀进来好），无论是主动的还是被动的，从总的历史进程看，用大的历史眼光看，都有利于发展，都是一种进步。对汉朝来说是如此，对夜郎来说亦是如此。两千年前是如此，两千年后亦是如此。上世纪七十年代末开始编辑出版“走向世界丛书”时是如此，如今来继续编辑出版这部丛书时亦是如此。

今天的中国已不再是七十年代的中国，虽然仍称发展中国家，经济总量却早已“超英”，正在“赶美”，但走向世界的路还“漫漫其修远”。时至现代，走向世界当然是要走向现代化的世界，也就是要高度现代化，全盘现代化。“四个现代化”的“四个”——工业、农业、科技和国防，已经“化”出了很大的成绩，而我们的管理现代化，我们的服务现代化，我们的制度现代化……要走的路的确还很长。

现代人走向世界，首先要使自己成为能接受全球文明，有世界知识，有世界眼光，有世界理想的人。“走向世界丛书”杰出的作者，如郭嵩焘、黄遵宪……又如邹代钧、金绍城……他们看到的新技术还是德律风（送话器和最早的手摇电话机）、火轮车（蒸汽机车）……我们如今却已经用上了智能手机、坐上了波音飞机……但在思想层面上，我（不敢称我们）反省自己的世界眼光和世界理想，甚至在世界知识的某些方面，比起一个多世纪以前的郭、黄他们来，差距实在还不小。在这方面，也就是人的现代化这方面，要走的路就更“漫漫其修远”了。

五年前北京奥运会的成功举世公认，它已经成为中国走向世界的一大标志。它的口号：

ONE WORLD，ONE DREAM

“同一个世界，同一个梦想”，这也应该是现代人走向世界的志向和目的，是我们继续编辑出版“走向世界丛书”的志向和目的。

丛书原序

钟叔河

一九八〇年七月

人们常说，今日之世界，乃是一个“迅速缩小的世界”（rapidly shrinking world）。在电视卫星、激光通信和喷气式客机的时代，地球之上各地之间的距离，确实好像越来越短，人们相互间的接触和交流，也越来越方便和密切了。

可是，仅仅在几代人以前，异国还显得那样的离奇和遥远。古代欧洲人说，中国人用小米和青芦喂一种类似蜘蛛的昆虫，喂到第五年虫肚子胀裂开，就从里面取出丝来（Pausanias《希腊纪事》）。古代中国人则曾经相信，西方有种羊羔是从泥土里生长出来的，脐带还连着大地（《旧唐书·西戎传》、《渊鉴类函·边塞部九》）。这类海外奇谈，今天听起来简直不可思议，而在过去上千年中，却一直被当作可信的资料，记载在欧洲和中国的史书上。由此可见，人类文明的发展，经历了一条何等漫长曲折的道路。

为了探索和开辟外部世界，丰富自己的物质和精神生活，各国人民都作过许多贡献。人类文明史像叙说伟大的发明家和著作家一样，将永远铭记着张骞、玄奘、马可·波罗、哥伦布等不朽的名字。我们甚至可以这样说：一个民族从中世纪到现代的历史，也就是它打开眼界和走向世界的历史。

历史的发展从来是不平衡的。当黄河、长江已经哺育出精美辉煌的古代文化时，泰晤士、莱茵和密西西比河上的居民，还在阴暗的原始森林里徘徊。而自从地理大发现和产业革命以来，中国却相对地落后了。在西方实现资本主义的现代化以后，中国还是一个基本上同外界隔绝的古老国家。是鸦片战争打开了中国的大门，也打开了中国人的眼睛。人们称林则徐和魏源为清代最早“开眼看世界”的人，因为西方的坚船利炮打到中国来时，他们首当其冲，亲身感到这个世界在缩小，距离和壁垒再也不能将异国隔离开了。

过去时代的中国读书人，在“严夷夏之大防”的社会里度过了上千年。封闭的外壳被打破后怎么办？守旧派的办法是把脑袋钻进沙子里学鸵鸟，像慈禧太后的大学士徐桐，见到洋人就以扇遮面。就是这个徐桐，在庚子年间焚香叩请骊山老母下凡来“杀尽洋人”，结果骊山老母没有下凡，他自己的老命却白白送掉了。而林则徐和魏源则不同，提出要“师夷长技以制夷”，主张学习外国的长处，以对付外国的侵略。要学习，先得了解，于是林则徐编了《四洲志》，魏源编了《海国图志》。虽然他们未能亲身出国去考察，书的材料靠间接采辑而来，难免有许多谬误，但无论如何，地里长羊羔之类的神话毕竟不得不逐步让位给常识了。

林、魏之后，中国才开始有读书人走出国门，到欧美日本去学习、访问和工作。容闳、王韬、郭嵩焘、黄遵宪和严复等人，要算是最早的。接着出国的人渐渐多了起来，尽管其中不少是奉派而去的政府官员，但既然去了，就不会不接触近代—现代的科学文化和政治思想，也就不可能不在中国发生影响。

“走向世界丛书”专收一九一一年前国人亲历

欧美和日本的记述。自从一八四〇年鸦片战争失败那时起，先进的中国人，经过千辛万苦，向西方国家寻找真理。应该说康有为和在他之前的郭嵩焘、王韬、容闳等人，的确代表了近代中国向西方寻找真理的一派人物。当然，丛书所收的，也并不全属先进的人物的作品；但总而言之这些都是中国人从东方走向西方的实录，自有其文化的意义和历史的价值。

必须指出的是：从鸦片战争到五四运动这一历史时期中，西方国家虽在许多方面比中国先进，值得中国人学习，但国家利己主义的本质，却总是要压迫剥削比他们落后的民族的。中国人走向世界、接触西方，既有一个学习外国长处的问题，又有一个抵抗外国侵略的问题，盲目排外和盲目崇外都是错误的。对于某些作品中不免流露的这类观点，我们将在为各书撰写的叙论中，适当地作些分析，供读者参考。

“洋为中用”是我们今天的主张，也是十九世纪先进的中国人的主张。“师夷长技以制夷”，不就是“洋为中用”吗？当然，随着接触和认识的逐步深入，人们慢慢地看出：仅仅学一点“长技”，搞一点坚船利炮，还是不行的；要救国，只有维新，维新行不通，就只有革命。伟大的革命先行者孙中山，用他自己的话来说，也是在一八七八年出国以后，“始见轮舟之奇、沧海之阔，自是有慕西学之心，穷天地之想”，才树立了推翻清朝建立民国的大志和信心。历史无情亦有情，后人的思想和事业肯定要超越前人，但前人的足迹总可以留作后人借鉴，先行者总是值得纪念的。

今天的世界已不是十九世纪的世界，今天的中国更不是清朝末年的中国。今日之中国，已经逐渐以现代的面貌，出现在世界的东方。但是，世界的进步越来越快，中国的经济和文化等许多方面还需要不断地发展和提高；这就必需继续打开眼界、走向世界。打开眼界以后，还要学会分析，分清好的和坏的。一切好的东西，要拿来为我所用；一切有害的东西，要实行抵制和预防。在这方面，前人的经验和教训，有一些也仍然值得我们注意。

谨将这套丛书奉献给爱好历史和文化、关心中国和世界的读者，希望它能在中国现代化的过程中，起到一点微薄的作用，是为序。

丛书凡例□

一、“走向世界丛书”一九八六年前已刊三十五种，二〇一五年起仍按原定一百种的计划继续刊行，仍然专收现代以前用文言写作的国人考察西方（含开国后的日本）的记述，仍以亲身经历、直接闻见者为限。

二、丛书按作者出国年月排列次序，尽量单行，即以一种为一册；字数过少无法单行者，才以两种或数种合订成册。合订本尽可能以类相从，按第一种出国年月排序；其各种均在封面列出书名，书脊则只列出第一种书名，并在其下注明“等几种”（另有附录者则注明“附几种”）。

三、每种（册）书前，均由编校者撰写导言（叙论），介绍作者有关背景和书中重要内容，酌加评论分析，以供读者参考。

四、丛书均经编校者校订，标点分段，并加边批。边批的内容主要包括三个方面，兹以《随使德国记》为例，举示如下：

1. 标题、提要和说明，如“星使由苏州来”、“普鲁士分一十二省”、“演八十日环游地球的故事”、“如夫人即赛金花”、“‘人工’今皆称工人”。

2. 书中较重要的译名（加括弧注出原文或今译），如“德璀琳（Detring）”、“毕驷马（俾斯麦）”、“布莱门（不来梅）”、“德利风（电话）”。

3. 原文的订正和存疑，如“‘公司船’原无船字”、“‘骁勇’原作‘骑勇’”、“‘薛福成’成字原作辰”、“奥京立斯本应是维也纳”。

五、每种书后，均附人名索引，人名依首字笔画和一丨丿丶乚排列，按年、月、日三节数字查检（正文单页码下均有年、月、日三节数字备查）。如德璀琳之“德”字为十五画，于索引“十五画”内检得其名下首列“13，8，17”，查正文“13，8，17”在P. 3下，即可在P. 3上找到（光绪十三年八月）十七日“乘肩舆往拜税务司德璀琳”的记载。

六、每种书后，一般附有译名简释（今昔译名对照，必要时并加说明），亦依首字笔画和一丨丿丶乚排列。如“卜兰墩浦 Brandenburg，勃兰登堡”，又如“勺勾腊 chocolate，巧克力”。

七、人名索引和译名简释的条目，并不限于边批中所举者；边批中所举者，则必皆收入索引和简释。

八、人名索引按年、月、日三节数字查检，其原书不著年、月、日者，则按篇章序号或页码查检。

九、原文因排印（抄写）而出现的明显的文字错误径予改正，不在边批中注出。

十、原文中同一外国地名而译文不一，如缪祐孙《俄游汇编》中“彼得堡”就有“比得堡”

“彼德堡”等异文，因其无碍阅读，故一仍其旧，不予统一。

十一、原文中之统计数字亦一仍其旧。有的表格中之中文或汉码数字，为方便阅读，改为阿拉伯数字。个别已经失去时效、并无参考价值的统计表格，则在说明情况后删去。

十二、丛书以简体汉字印行。除总序、凡例外，编校者所作导言（叙论）、边批、索引中涉及的数字均按现行规定采用阿拉伯数字。

叙论：吴汝纶日本教育考察记述略□

李长林

吴汝纶，字挚甫，一字挚父，安徽桐城人。生于道光二十年（一八四〇），卒于光绪二十九年（一九〇三）。同治四年（一八六五）中进士，授内阁中书。与黎庶昌、薛福成、张裕钊同为曾门（国藩）四弟子之一，文章备受赏识；尝入曾国藩、李鸿章幕，二人决中外大政之奏疏多出其手。历官直隶深州、冀州知州，直隶天津知府。任内重视教育，提倡经世致用之学，其治以教育为先，“民忘其吏，推为大师”。光绪十五年（一八八九）受李鸿章之聘，主讲保定莲池书院，创办英文学堂、日文学堂。

吴氏博通经史，诗文俱佳，力倡桐城古文，主张有为而作，立古为今用之先。他在后期桐城派古文学家中，思想比较开明，认为法不可不变，但也不能尽变。他在论及时政的文章中，注意“洋务”，对西方学术持积极引进的态度。

吴氏应严复之请，审阅过严复的《天演论》和《原富》的译稿，并为两部译著写过序言。在《天演论》的序言中，着重说明了此书的意义，指出《天演论》“以人持天”“以人治之日新卫其种族”之说，可以使读者“怵然知变”。同时他对严复的译文也给予高度评价，指出因为严复“雄于文”，才使“赫胥氏之旨趣得严子乃益明”。[①] 吴氏还在光绪二十三年二月初七（一八九七年三月九日），致严复的信中，认为严复译此书的目的在于借此挽救中华民族之危亡。[②] 吴氏在为《原富》译稿写的序言中，说明了此书的大意。他又在光绪二十四年七月初七（一八九八年八月二十三日）致严复信中，评论说：“斯密氏元书，理趣奥赜，思如芭蕉，智如涌泉，盖非一览所能得其深处。”[③] 吴氏对《天演论》和《原富》两书的评论，促进了两书的译稿在中国的流传。

吴氏关心世界形势，光绪二十八年（一九〇二）在日本考察教育时，曾为日本学者矢津昌永的《世界地理》一书的中译本作序。文章借谈世界地理，谴责了殖民主义者在亚非国家进行侵略的活动，歌颂了菲律宾和德兰士瓦两国人民反抗西方殖民主义者的正义斗争。称赞他们“不畏强暴”，“喋血苦战”。吴氏呼吁弱国能以此为鉴，

① 详见王栻主编：《严复集》第五册，中华书局 1986 年版，第 1317—1319 页。

② 详见吴汝纶：《桐城吴先生全书·尺牍》。

③ 详见王栻主编：《严复集》第五册，第 1562 页。

奋起自强。可见吴氏具有鲜明的反对殖民主义侵略的爱国思想。①

戊戌变法前，吴氏即开始注意日本教育改革的情况，光绪二十三年（一八九七）初他就详细摘录报刊上有关日本教育的沿革，尤其是明治维新以来教育的发展和致力于教育改革的福泽谕吉和新岛让氏等人的资料。这时他与日本知识界人士多有联系，日本学人野口多内在莲池书院曾师事吴汝纶。日本来华人士“无道路远近，必踵门求谒，丐书诗文通款洽为荣”。② 更有中岛裁之等人绝海来从问学。

光绪二十七年（一九〇一）清政府决定重开京师大学堂，尚书张百熙任管学大臣，奏荐吴汝纶任大学堂总教习，吴氏因辞不就，“百熙具衣冠，诣汝纶，伏拜地下曰‘吾为全国求人师，当为全国生徒拜请也，先生不出，如中国何！’汝纶感其诚，勉起应诏”。

吴氏接任后，请求先赴日本进行考察。此次吴氏赴日考察教育正当中国向日本全面学习借鉴的盛时。从光绪十三年（一八八七）以来，中日两国文化关系正发生了变化，不再是日本通过汉译西方文化书刊，向中国学习，而是中国要通过日本输入先进文化了，因此出现了以日本为师的局面。为什么要以日本为师，而不直接向西方学习？

① 详见王凯符译注：《后期桐城派文选译》，巴蜀书社 1997 年版，第 180—182 页。

② 《桐城吴先生传状》。

当时中国一些开明人士一是认为日本学习西方已卓有成效，中国通过日本学习西方事半功倍。二是认为以日本为师有诸多便利，如地理相连，风俗相似，文字易懂。具体到教育方面，他们认为甲午战争中国所以战败，在于缺乏人才，而近者“日本胜我，亦非其将相兵士能胜我也，其国遍设各学、才艺足用，实能胜我也”。[①] 从对方日本来讲，也具备一些条件、利于中国向日本学习。一是日本自明治维新以来，教育新体制已经逐步建立，有供中国学习的丰富内容；二是当时日本对中国的文化侵略政策尚未正式确立。日本的一些人士对中国官员访日和留学生来日抱积极热情的态度。上述诸条件促成吴汝纶成为在教育领域中国向日本学习热潮中重要的一员。

光绪二十八年（一九〇二），吴氏时年六十三岁，率团东渡。同行者有大学堂提调荣勋、绍英、翻译中岛裁之等。一行自五月十五日从长崎港登陆，至九月二十一日结束旅日行程。

吴氏日本考察之行在日本反响强烈，长崎、神户、大阪、东西二京等地名流集迎者数千人，皆设盛宴为酬酢。[②] 吴氏与日本学人多有唱和，写有诗歌五十多首，[③] 其中不少是歌颂中日人民友好和中日文化交流的。

---

① 康有为：《请开学校折》，见汤志钧编：《康有为政论集》上册，第306页，中华书局1981年版。

② 《桐城吴先生传状》。

③ 《桐城吴先生诗集》。

吴氏在日本期间，不顾年事已高，冒着炎热酷暑，不辞辛劳，或实地考察，或访问名人，或文部听讲，“鸡鸣而起，夜中始休”。[①] 白天参观访问，“日行数十里，日接数十人，而文部听讲尤必日至不少闲”。[②]晚间则整理当天所获，详写日记。有时陪同人员劝他休息，他则不肯，并说“吾为国家至此，殚精考核正在此时，不可不自敦”。[③]

他考察的学校有小学、中学，一直到东京和京都帝国大学，兼及职业学校、师范学校、女子学校、士官学校、聋哑盲人学校等四十馀所，都是下马观花，“自讲堂教室以至一椽、一桶之备无不详加察览与研究”。[④]吴氏访晤和通信的日本人士上至卸任首相、文部大臣、大学总长、帝国教育会会长、教育家，下至普通教师，多达上百人。他不仅考察了日本的教育情况，而且间接地了解了欧美国家的教育。

吴氏在日本停留期间九月十一日即致书张百熙，结合考察所得提出改革中国教育的两步设想：一是救急办法，即开办师范学校、仕学院、大学堂专科，招收中国文学业已成就者，功课专主西学，尤以政治、法律、矿山、铁道、邮政几门为要，借以培养急需人才。二是长远之策，从普及小学教育做起，中学大学循序而进，以收与外国人

①②③④　《桐城吴先生传状》。

才竞美之效。①

一九〇二年九月，吴氏将在日本考察所得的丰富成果加以汇编，名为《东游丛录》，在一九〇三年交由东京三省堂出版。一回国即将《丛录》交给张百熙，“以备采择”。《东游丛录》近二十万字，按内容分为四大部分：一，文部听讲，为在文部省听讲的记录，②包括教育行政、教育大意、学校卫生、学校管理法、教授法、学校设备、日本学校沿革（附：欧美各国小学校学科课程）七项。二，摘抄日记，起自五月十五日长崎登陆，迄至九月六日文部听讲。无往返途中记事，基本是教育考察记。三，学校图表，包括三岛博士卫生图说、东京大学员数度支表、西京大学预算表、高等学校预备科课程表等各类图表十九种。四，函札笔谈，从上百次日本友人来函、新闻报道、笔谈记录中选出的二十八篇。《东游丛录》堪称一部有关日本教育的百科全书。（编者注：为方便读者阅读，本书将原著“学校图表第三”“函札笔谈第四”两大部分调整为“函札笔谈第三”“学校图表第四”。）

从《丛录》的记载中，可见吴氏对日本教育的考察收获颇丰，摘其要者有下列数端：

（一）教育兴国的重要性：

前山阳高等女学校校长望月兴三郎指出：“苟欲永持

① 《桐城吴先生尺牍》。

② 文部省系日本明治维新后组建的管理教育学术文化的中央行政机关。

独立，期隆昌，莫若固国础。固国础之道，在于育英。”帝国教育会会长辻新次也说：“国家之兴亡强弱，系乎国民之智愚贤不肖，国民之智贤愚不肖，系乎国民教育之盛衰。”小村俊三郎指出：变法必变俗，变法属政治，变俗属教育。东京出版的一份报纸更从历史经验中说明教育的重要性。认为：“教育者，作一国之精神者，国家之真际，实由教育以得而存焉者也，是以古来有为之为政者，皆莫不重之。”以上的看法从不同视角论述了教育乃兴国之道，所谓“有本有原教育是也”。

（二）正确处理东西文化、古今文化的关系。日本自明治维新以来发展教育的经验，其中重要的便是正确处理东西文化和古今文化的关系。滨尾新认为：处万国交通时，非一国之学所能独立，必兼各国之长，与之角胜，乃能与列强并立于世界。井上哲次郎指出：“敝邦教育，以融合调和东西洋之思想为目的”，并认为教育精神宜“取东西文明之粹，打为一冶以立理想”。当前要提倡西方文明中的“崇人格之观念”，“重个人之权利”和“自由平等之精神”。当吴氏问他，如何处理古今文化，“逐新仍兼尚古乎，抑去古就新乎。”井上答曰：“去古就新之意也，然非慢古，又非弃古，驾古而上，故不畏古也。”在研经会上座谈时，吴氏也问，“贵国前辈，似皆以汉文为根柢，后进之士，则吐弃汉学，一奉西文。究竟人才，后进与前辈风气孰胜?”日本学者答道：“吾国前辈之奉西学者，以汉文为根柢，加之以西学，是以多有为之士。”

吴氏曾多次询问日本人士如何处理新旧之间的冲突，日本贵族院议员伊泽修二答道：新旧冲突难免“惟新者定大志，结大力，批艰排险，百折不回，任旧者之如何抵抗，曾不顾之”。

（三）教育方针应是德智体全面发展，重在德育。经多方考察吴氏领悟到所谓德育乃是陶冶品性，所谓智育乃是增长知识，所谓体育乃是培养身心，其中德育占有重要地位。田中不二麿向吴氏谈道：“道德之教，贯通诸学而发申之，最为至要”，井上哲次郎指出：“自小学至大学，设伦理修身之科，改造将来之国民，则数十年其效必大显。”伊泽修二则明确界定了近代教育中德育的具体内容，他说：“爱国心非普及全国则不可，欲普及全国，仍非假学校为养成之机关则不可。”接着他具体介绍了近代法国与德国在学校教育中培养爱国心的经验。东京二六新报又认为德育应包括树立国家观念，指出：盛养国家观念及国民统一之思想乃中国教育之急务，“若教育不主于国家观念，其尽力教育，必支离灭裂而已”。

日本学者关心中国教育的革新与发展，曾提出具体建议，对此吴氏一一加以记录。东京大学法学教授高桥作卫在信中提出的建议：一是宜定教育方针；二是宜以孔道为学生修德之基；三是宜禁读稗官小说谈豪侠事迹；四是宜禁学徒刻苦勉学消其锐气；五是宜省不急之科；六是宜设置合宿馆养学生之风习；七是宜讲格物致知之学。

值得注意的是吴氏的《东游丛录》中，不仅记录了对日本教育的考察，他的视野广泛，还了解了以下各方面的情况：政法（控诉院、大审院、裁判所、监狱、法律、法学、法医、警察所），军事（兵制、近卫师团），工厂（船厂、炼油厂、造船厂、造币厂、炮厂），经济（货币、银行），公益（图书馆、博物馆、动物园、慈善医院、精神病院、电报、邮政）。吴氏这些考察记录，反映他具有在中国实行全面改革的理念。

吴氏的《东游丛录》出版后名噪一时，日本学者盛赞吴氏是“中国来游官吏、学者至多，如吴先生之豪俊者，殆绝无有”。有的日本学者评价《丛录》对于各学制次第记录极佳，在吾国人亦极有用。日本一家报纸称《丛录》之精详，虽日本自著莫能逮。木下广次竟说：“吴先生精思卓识，旷绝一世，日本维新一时断无如此人才，大清教育之隆可翘企也。”《丛录》在中国国内也不断得到好评：吴士镒在光绪三十三年（一九〇七）为李文干的《东航纪游》一书写的序中，提到吴氏的《东游丛录》，赞其广泛流传“已家置一编”。袁世凯在光绪三十年（一九〇四）为王景禧的《日游笔记》一书写的序中，赞《东游丛录》是考察日本教育的书籍中，“称首者”。吴氏这部著作不仅以内容丰富而著称，更引人注目的是其观点在同类书中略胜一筹。吴氏对西方先进思想持肯定态度。当日本学者井上哲次郎谈及如何处理东西方文化关系时，曾提到西方文明之粹有“崇人格之观念”，“重个人之权利”，“以自由平等为指针”。吴氏听后对此完全照录，未加任何贬词。吴氏此举结果引起国内保守人士的攻击，流言蜚语四起，竟有某御史向朝廷劾奏吴氏，说他东游以来，意气扬扬，在宴会席上必赞同自由之说，来客常谈民权之主义，彼若久在日本，归来必唱邪说难测，不如急召还云云。慈禧太后还特地为此召荣禄询问。对比之下一九〇三年赴日考察教育的江南高等学堂总教习缪荃孙则显落后，他在自著的《日游汇编》一书序言中，竟将“自由平权”视为“邪说”。

吴汝纶结束日本考察之行归国后，尚未到京师大学堂述职，从上海请假回皖省亲，创立桐城中学，将在日本学到的办学经验加以实践，不料一病不起在光绪二十九年（一九〇三）正月十二日溘然去世。中日两国人士无不为之惋惜。严复有诗及联挽之，并感叹：“自今已往，世复有能序吾书者乎。”在题为《挽吴挚父京卿》一诗中写道：仙舟几日去东瀛，梁木归来忽就倾。难遣此哀惟后死，忍将不哲累先生。人间鸡壅方为帝，海内雄文孰继声，地下倘逢曾太傅，定知老泪各纵横。外国人士惜曰：“中国自强之机阻矣。”

吴汝纶先生虽然去世，但他对发展中国近代教育事业和中日文化交流所作的贡献，必将永载史册。

学术界普遍认为吴氏的《东游丛录》以精审丰富著称，它对清末中国的教育改革产生了重大影响。有的学者指出光绪三十年（一九〇四）《奏定学堂章程》的颁布标志着中国近代学制的正式确立。从此，中国开始了全国范围内以日本为楷模的教育改革。在清末酝酿建立学制的过程中，有一书一刊起了导向和借鉴的作用。一书指吴汝纶的《东游丛录》。该书为中国借鉴日本建立新学制，提供了丰富翔实、具体的资料。一刊指1901年由罗振玉、王国维在上海创办的《教育世界》。该刊于一九〇一至一九〇三年间，登载了九十七篇有关日本学制的译文，几乎都是日本办新教育以来所颁布的法令、章程，包括大学、中学、小学、女子教育、师范教育、职业教育等各个门类。正是这一书一刊对日本学制的大力宣传与介绍，对清政府模仿和借鉴日本学制起了推波助澜的作用。①

清政府模仿日本学制，集中体现在一九〇四年由张之洞、张百熙和荣庆拟定的《奏定学堂章程》上，我们只要将该章程规定的中国学校系统图与一九〇〇年的日本学校系统图作一比较，就可以发现两者之间有着惊人的相似。②

仅以下列语句结束此文。

吴氏东渡察学务，辛劳精勤书宏著。

中华教育开新境，成就贡献载史册。

---

① 详见卫道治主编：《中外教育交流史》，湖南教育出版社1998年版，第107页。

② 详见卫道治主编：《中外教育交流史》，第108—109页。

吴汝纶东游丛录□

五月初三日　离北京

五月十五日　到长崎

五月十七日　抵神户

五月十九日　至京都

五月廿二日　赴东京

九月廿一日　返上海

□ 据清光绪二十九年（1903）上海商务印书馆版

□ 李长林校点

吴汝纶东游丛录目录

前 记

东来三月，考览日本学制，未能得其精奥。今归国，拟先过皖。因集录文部所讲及游览日记，各学校所赠图表，间附一二，以备采择。其教育家谈录，学士大夫时惠书札见教，亦颇集入卷中，有遗落者，不能尽载。将付门徒，使代呈管学大臣云。

吴汝纶记

大清光绪廿八年九月

文部所讲第一

章宗祥、吴振麟、张奎等口译
吴汝纶笔受

教育行政

教育制度

幼稚园未满，亦可入寻常小学，缘幼稚园可入可不入。至小学，则人人不可不入也。

寻常小学卒业后，高等小学亦可入可不入。

高等小学二年卒业，可入中学校及高等女学校。

高等学校，乃是预备入大学。

大学年限，多者可住八年。

寻常小学、高等小学，其教习均是师范学校造成。

由高等小学卒业后，在外用功，考取为师范生。

中学校、高等女学校，其教习是高等男女师范学校造成。中学校卒业，可入专门学校，如欲学医，入医学校。

医学分二门：一医学，一药学。医学四年，药学三年。如入外国语学校，四年卒业，预科一年，正科三年。如学美术，在五年中学卒业之后，不必入预科。如中学未满五年，则预科一年，正科三年。

农学工学卒业后，如欲求精，可为大学农工学卒业生之助手。如无进取之志，即卒业后可自由。

音乐学校，虽中学未卒业亦可入，师范学校亦可入。寻常小学校卒业后，如欲学农，可入乙种农学校。如欲学小工，可入徒弟学校。六个月亦可卒业，久者可三年。如学商，可入乙种商学校。

实业补习学校，寻常小学未卒业亦可入。一面学农工商学，一面补习寻常小学之义务课程。

高等小学卒业后，可入甲种农商学校，及工学校(此三者即实业学校)。

以上教育制度。

文部职掌

政治分三种：一立法、二司法、三行政。学制为文部大臣行政机括。

教育法令分二种：一由内阁拟定、天皇许可、文部施行；一由天皇敕命，文部施行。

全国学校，通归文部，凡三府四十三县一道厅，并台湾府，难以一规制治之。郡长、町村长，皆有管理教育之责。

小学为町、村之义务，师范学校必府县立。中学校、高等女学校或县或府管理，其郡町村亦可设立。

农工商三种学校最要，政府必欲其发达。郡市町村能设立听之，不能设立者不强。

医科及各高等专门学校，皆政府用国帑设立，府县郡市町村能设立者听之。

学校有政府设立，有府县郡市町村设立，皆归文部。非一人所能综理，襄助大臣者有总务长官一人，局长三人。局长下有参事官，有书记官。此外有视学官，有建筑伎师及小属官。总务长官襄助文部大臣一切职务。外有官房长，为文部大臣管理机要事件。其局长三人，一管专门学务：专门学校、高等学校、大学校；一管普通学务：寻常高等小学校、中学校、高等女学校、师范学校；一管实业学校：乙种农商学校、徒弟学校、甲种农商学校、高等工业学校。参事官管助定法令，凡教育有何问题，为之决定。

秘书官，助官房长办理机要。其下为书记官，书记官归三局。

视学官，查阅各学校之善否。

图书审查官，检定教科书之善否。

卫生主事，管理师生体中之健否，及学堂建筑之合宜。伎师管造学堂之图式及工程。

他属官各助其长。

总务局六课：人事课、文书课、会计课、图书课、建筑课、卫生课。

总务局长所管十四事：一管理官吏黜陟、二管理公立学校教习校长职员、三教员免许、四图书干涉、五建筑修理、六高等教育会相关事项、七教育卫生、八博览会干涉事件、九文部省案卷接受发送、十统计报告事项、十一公文案卷编辑之事、十二文部省所有财产决算之事、十三监督会计、十四文部省所辖官中财产及物品相关之事。

专门局长所掌事务：一大学校高等学校、二专门学校、三各种学校相关事项、四海外留学生及派出海外教员相关事项、五图书馆博物馆相关事项、六天文台气象台测候所相关事项、七学术技艺奖励调查相关事项、八测地学委员会及震灾预防调查会相关事项、九学士会院、十学术会、十一学位等类称号。

普通学务局所管事务：一师范教育、二中学校、三小学幼稚园、四高等女学校、五盲哑学校、六以上学校相准各种学校、七教育博物馆、八通俗教育及教育会、九学龄儿童就学。

实业学务局所管事务：一工业学校、二农业、三商业、四公立私立商船学校、五徒弟学校实业补习、六以上学校准入各学校、七实业教育费国库补助、八实业学校教习之养成。

以上文部职掌。

高等教育会

教育方针，不可不定。日本有高等教育会六十馀人，凡教育有改置增减，皆经会员议定，然后施行。

学校卫生顾问九人。凡学校一切关系卫生之事，文部大臣必问此九人，而后施行。

地方教育分二种：有郡长町村长所管学校，由府县监督；有府县自立之学校，如师范学校高等女学校等，皆由府县自行管理。

一、县学校，通归视学官查考。一人不能独任，别立视学二人助之（此二人非官）。县中书记官，往往兼内务部长。在视学官之上，于教育有应尽责务。

一、郡教育，有郡书记，有视学，助郡长。町村有助役一人，若二人，有书记，无定员。有学务委员，皆助町村长。凡学龄儿童，不入小学，入小学不欲满年限者，督令照章办理。

教育大意

稚园六岁已满，应入小学者不入小学，仍留稚园，虽至八岁亦可。小学养成德性，扩充知识，使后有国民选举之权。又须体育，后可充兵，尽国民之义务。 小学校

人人应入小学，即町村不可不立小学。如经费不足，府县可补助之。小学不取学俸，如町村贫穷，可以少取。必得文部许可，然后取之。

寻常小学，不得不立。高等小学，则可立可不立。近日本人人知学之有益，亦无处不立。高等小学，例不取学俸，如经费不足，亦可少取，国库亦可补助。

教科书先时均由文部省编定颁发，近来则由民间编辑，文部鉴定。其教法应因地制宜。文部鉴定之书不一

种，何地应用何书，必由地方官与学校教员议定，然后取裁于文部。

小学教员、训导、保姆（幼稚园），师范学校所养成。师范学校之卒业生，能任教员与否，应由官长检定。检定之法，或由考试或由教员及地方官荐举。

学校既多，需用教员益众，训导之外，又有准训导，可充教员。准训导由师范学校之别科所养成，又有郡立准训导之养成所。

教员检定，由郡长请之府县。其教员月俸，至少者八元，多者七十五元，特别者至百元。

宅料由学校给予。曾充教员十五年，年满六十，须给恩俸，恩俸照月俸四分之一。年未及六十，因教育得病，不能任事者，亦给予恩俸。

以上小学校。

中学校

中学校以养成国民普通知识为主。高等小学校肄业二年，便可入中学校。中学卒业，大概在十七岁时。中学校或入或不入，皆可自由。

学徒与教习各有教科书，教习书谓之书则。

中学校长，有考察教育之权。中学教员有二种：一教谕、一助教谕。

教员须检定考试，校长则无须此，要必教育学有得者充当。

教员有奏任待遇，有判任待遇。判任月俸自十五元至一百元，奏任年俸自六百元至二千元，现时大都一千八百元为度。

校长亦奏任待遇，年俸与教员同等，大都一千七百元。

以上中学校。

高等女学校

高等女学校，与中学校相等，凡中等人家女子，多入此学校。课程乃普通知识，更加料理、裁缝、家事等。教习或男或女均可。月俸少于中学校。高等小学教员得免许状者，可教高等女学校中最低之一班女学生。高等师范男生卒业者，亦可充高等女学教员。

以上高等女学校。

师范学校

师范学校，男十六岁、女十四岁入学。不但教普通学，兼令研习教育学，可为小学及幼稚园之师。

师范学校，必附属小学校幼稚园。需费甚巨，郡町村无设立者。

师范教科书应用何种，应达知文部大臣待其许可。

校长奏任官、教谕等员，多是奏任待遇。助教谕多是判任待遇，小学教员、幼稚园保姆，府县自定。

师范校长年俸，自六百元至一千六百元，或一千八百元。教谕敕任待遇者，自六百元至一千四百元。判任待遇者，每月自廿元至七十五元。助教谕自十五元至卅五元。

以上师范学校。

高等师范学校

高等师范学校，养成中学校、高等女学校、师范学校之教员。有预科，有本科。预科一年，本科三年，研究科一年二年不定。入高等师范学校者，年在十七以上，由中学校师范学校卒业生，考选而入。

高等师范学校，必附属中学校、小学校。中学为将来须作教员，小学则课程须知。此学教科书由文部定。

以上高等师范学校。

医科专门学校

医科专门学校，由中学校卒业生考入。此学校文部所立，经费出自政府。府县亦有设立此校者，名曰医学校，经费由府县筹备。

专门生徒，每月出俸料二元五角，府县所立亦同。教员俸给，同高等学校。

府县所立医学校，教员二种：一奏任待遇、一判任待遇。分教谕、助教谕二种，教谕任命与中学校同，其俸给时有多于专门学校者。

府县医学校卒业生，无庸考试，不须免许状，但得卒业凭据，即可行医。药学校全国止一所，私立者二三所。大学校中有药学部，止有一人，因此学无利可图也。将来自欧洲学归，此业当更发达。

以上医学。

外国语学校

外国语学校，现学者，中国语、朝鲜、俄罗斯、法、德、英、西班牙、意大利。学生出俸料，每月每名一元五角。教师先用本国，不足，乃聘外国人。任命、俸给均与高等学校同。

以上外国语学校。

美术学校

美术学校分二科：一预科、一本科。雕刻（金木），绘画（日本、西洋）。卒业生可当中学校、高等女学校、师范学校之教员。

教员俸给、任命，与高等学校同。

以上美术学校。

音乐学校

音乐学校养成音乐教员，分师范、专习二种。学俸料或二元，或一元。

校长与教授奏任官，助教授判任官，俸给与高等学校同。现校长教授俸，不过二千五百元。

以上音乐学校。

高等女子师范学校

高等女子师范学校，四年卒业。入此学者应由高等女学校卒业，年十六以上。此学内附属高等女学校、小学校、幼稚园，均为实地研习资助。此学乃文部所立，校长用敕任官，或奏任官。教员多种：一、教授，奏任官，年俸六百元至二千五百元。二、助教授，判任官，月俸十五元至七十五元。三、教谕，奏任官，年俸四百元至一千二百元。四、助教谕，判任官，月俸十五元至七十五元。五、训导。六、保姆，均判任，月俸均与助教谕同。

以上高等女子师范学校。

师范学校、高等师范学校、女子师范学校，此三学皆不收束脩。学徒衣服饮食居屋，均由学堂给予。

学徒寄宿舍，有舍监管理。卒业后，应在本学充教员。男十年，女五年。大学校应由高等学校送入。中学校欲入高等学校，必先试验，入式者方准入高等。

高等学校

高等学校，中央政府所立，经费出自政府。而收学生俸料每名每月二元五角，教科书由校长定。其中高等课程，教习讲授，学生笔受，所谓讲义者也。

此校校长，或敕任，或奏任。教员二种：一教授、一助教授。教授奏任官，年俸自六百元至二千五百元。助教授判任官，月俸自十五元至七十五元。校长年俸自一千八百元至三千元。高等教员由文部命定，不须考试，不须免许状。高等生必应在学校寄宿。舍监奏任官，年俸自四百元至一千二百元。

以上高等学校。

高等实业学校

高等实业，亦专门之学。一、高等工业，全国二所；二、高等商业，全国二所，商业卒业生，能充外交官，及领事与大贸易；三、高等农林，全国一所。卒业生可充教师，及技手。札幌农学校卒业生，可充农桑技师。

实业与大学校之分，譬如陆军大学校卒业生乃大将，实业校卒业者，皆佐尉也。

实业学校无教科书，尽用讲义。课程皆须实地练习，如商业须演习商肆，银行学须演习银行，公司学须演习公司。有商品陈列馆，考究各种标本。农学有农田试验，林学有演习林。札幌农学校卒业，与大学同，可任农学士。高等商业研究生，或一年、或二年，卒业可任商学士。

凡高等实业学校，皆有图书馆。此校经费均出中央政府，归文部省统辖。学生每名每月应出学俸料，或二元，或二元二角。工业须出用品料，每月一元。

校长或敕任，或奏任。教员与校长俸给，与高等学校同。寻常实业学校，府县所立，经费府县所筹备。学徒由高等小学校卒业者考入。教科或用书，或口授。商业有商品陈列所及演习室。农学有农田，有演习林，工业有工场。教长及教谕任命方法，与中学校同，俸给亦同。教习不须免许状，由府县聘请。外有乙种商业、农业学校、工业徒弟学校。生徒或寻常小学或高等小学均可考入。教习俸给少于实业学校。此校町村尽有。

以上实业学校。

实业补习学校

实业补习学校，由小学校卒业，其学业仍不足用，或高等小学仍未卒业，皆须补习课程以本业馀暇习之。大氐晚工居多，亦不限时刻。教员系训导、助训导，任命方法与小学同。

以上实业补习学校。

大学校 大学校目的，以世界竞争，优胜劣败，不得不造就人才。不但造成官吏，且应创办民间事业。

法科年限，东西二京不同，东京四年限满任便肄业，西京则限八年。

大学校经费出自政府，学生所出俸料，亦每月二元五角。工科学生，应出用品料每月一元。

学生不由高等学校者，可由考试而入。

大学校有选科，可由中学校卒业生考入。

大学校无书，但有讲义。此外应读参考书，参考书皆是欧文。又不但参考书，须有各种实验。如天文学有天文台，博物学有博物馆、植物园，人类学有各种标本，地震学有试验地震器具。工科以绘图为主，化学以试验为重。工科有设立工场，以备研究。农科有林学一科，有森林场，以备实验。动物亦归农科，有兽医，兽病院。

大学校有图书馆，凡参考之书尽备。

大学校 大学校卒业生，入大学院，在院自课，有不明者，问大学校教授。大学院五年卒业。有论文一篇，文部阅定，合格授博士。不作论者听，但无授博士之望。

大学总长敕任官，俸有二种：一、年俸四千元，一、三千五百元。教授或敕任或奏任；俸给二种：一、本俸，一、讲座俸。本俸八百元至一千六百元，讲座四百元至一千二百元。五年以上，有功者，加俸五百元，此教授大略也。助教授奏任官，本俸三百元至八百元，讲座二百元至六百元，无加俸。教授之外，别有讲师，大学总长所聘请。

大学校有书记官，或二人，或三人，系奏任官，俸给九百元至二千元，又有助书记官者，但名书记非官。人数不定，系判任，月俸十五元至七十五元。东京无寄宿舍，西京有舍监、奏任官，年俸七百元至一千六百元。

以上大学校。

学校卫生

卫生沿革

始于明治廿四年九月，三岛君初开办。西洋卫生之学行于学校，从一千八百八十年起。明治十二年，森有礼立体操，其后学生体气渐壮。森有礼死后，体操又废，学生又多疲弱。三岛君建议谓体操为教育根基，其时信者甚少。明治廿七八年与中国开战，虽幸胜，其实身体气力不如中国人。嗣后知体力为最要，学校中不可不讲卫生，于是全国始渐信三岛君之说。廿八年开议院，始提出学校卫生调查费用。廿九年五月，学校卫生顾问，设于文部省。自是进步甚速，卫生机关布置之善，欧美各国均皆佩服。文部省研究各国卫生之学，各国所无，惟日本有之。西洋讲求学校卫生之学者，闻日本文部之法，谓日本学校卫生之政可为吾欧美各国之先进国。日本公立学校有二万八千馀，学校中有医生者七千馀。学校医数有三千七百馀，每年所得谢资，有十二万元。学校医，每年四月十月，两次调查各学校学生体格强弱，申之文部省。学生数目，每年约五百万，学校医申报调查者，约一百万。其调查之法：一、检察学生现时身体强弱，二、比较现年与前年身体强弱，使文部加减学课。

今各学校不能遍有学校医者有二故：一、学校经费不足，二、医员过少。十年之内，必将校校有医，于教育有大益也。

以上卫生沿革。

卫生实历

井上毅为文部大臣时，与三岛君书云："见学生体气甚劣近视甚多，而色甚黄。以为亡国之兆，谓国之存亡，不在外观，在人民之强弱。明治维新时，上谕有云：'求知识于四方，各国知识，无论如何贵价，我均必买。但不持国民血肉，不足以贸易知识，吾辈不可不认定此宗旨。'学校卫生，足以救学生血肉之病，并可救学生之知识，必应诱掖奖劝。足下身当其责，当力任此事，为国自强，虽身为牺牲，勿恤也。"

学校卫生，不但保身体之无病，并须养之使壮，足以任事。现今以卫生为教育根本，已成世界之公论。教育目的，当使学生为真善美人。非身强则心力不足，此练身者一也。卫生道得则体强，体强则心力足，治学机敏，足以增益财产，此富国者二也。身强则精神刚毅能义勇奉公，此强兵者三也。

西洋各国学校中皆有卫生之学，而文部无学校卫生之官，独日本文部省以学校卫生为重，是以有卫生主事，有卫生顾问。

以上卫生实历。

学校设备

一校地，二校舍，三寄宿舍，四校具，五图书器械标本。

校地相何等学校而定。文部省令，校地须合本校规模。地宜干燥，各家学童来往皆便。凡近于酒楼茶店妓寮之地不宜，近于喧嚣之地不宜，危险之地皆不宜。小学校每人占地半坪（每坪见方六尺），中学校每人占地一坪。体操场，寻常小学校每人一坪，高等每人一坪有半。假令校中有六百人，其运动场应得九百坪。遇运动时乃不局促。如校中止生徒二三十人，运动场至少须得一百坪。高等小学校，无论人数多少，运动场应得一百五十坪。中学校有兵式体操，其操场应得二千坪。其地势应如长弓形，假令地狭，亦一应千坪。高等女学校，运动场占地较少。文部省令，女校操场二种：一屋外，一屋内。皆应得适宜之地。其场应大于高等小学校。师范学校，男子一部，体操场应得三千坪以上；女子一部，与高等女学校同，约需一千坪以上。其校地最要者，宜得极清之水。

校舍，以教授管理卫生三事，配合各室适宜制度。教室最要者三事：一采光、二通气、三通暖气。采光应有直射光线，宜设采光窗。窗宜在学童坐地左侧，窗之面积，须得房室六分之一。又须有补助采光窗，缘一面光线不足用，必应右侧有窗，又有通气窗。采光方位，第一南方，第二西南方，第三东南方，第四西方。

教室面积，小学校每坪容四人，每人得地九平方尺（每坪面积卅六平方尺）。中学校每坪三人，每人得地十二平方尺。高等女学、师范学校，并同中学校。室上顶棚，小学校高九尺以上，中学校高十尺以上。

寄宿舍，自修室一人一坪，寝室一坪半。寝室兼自修室，应一坪七合五勺，顶棚高九尺以上。

以上学校设备。

学校管理法

学校管理法与教育行政相表里，校长、视学官所掌，皆教育行政之事。学校管理法，乃学校纤悉法程，现今尚无良法。所用书，惟《小学实践管理法》（大桥唯雄编，卅一年）、《小学校管理法》（和田丰编，卅五年）、《令规适用学校管理法》（铃木光爱编，卅五年）、《新说学校管理法》（槙山荣次、小山雄合著，卅二年著），此数书最善。

管理之外部

管理分外部内部。町村小学校管理外部者，为町村长及学务委员。市立小学校，府县知事管理外部。市町村长职务：一学校设备（谓校地校舍校具等），市町村会决议规定法令等；二教科加除；三修业年限；四补习科设废；五预算经费决议后执行；六督促学龄儿童就学；七编制学级。学务委员职务：一督促就学；二家庭教育；三免除就学义务（如学童有病），裁决就学之犹豫；四学校设备；五预算经费；六授业料应取不应取；七学校基本财产；八教科目加除；九修业年限；十补习科设废；十一私立小学校可代公立之学与否。

郡长、府县知事职务略同，但大小有别。郡长职务：

一定立町村小学地位；二本町村不能立学，合于他町村，谓之组合；三不能组合成学者，以学童依附他町村。府县知事职务：一教员任免；二指定市立小学之位置，及立学应若干所；三审定应用之教科书；四定小学内设备纤细之细则；五惩戒学校长及教员过失；六与夺教员所得府县之免许状；七学期假期及教授时刻。

以上管理之外部。

管理之内部

校长事务：一对外部之代表；二述教员进退意见于市町村长；三命校员分掌教务；四定教授时刻及各教员之担任；五监督职员勤怠；六督促学童之旷功；七劝惩学童；八给予修业卒业之凭据，谓之证明书；九整理校舍校具；十查阅教员所教功课簿；十一每年二次检查学徒身体；十二时时注意卫生；十三督饬清洁洒扫，每日逐细扫除，数日一大扫除，其教室内令学童自扫除；十四管理学童与家庭通讯，立通信簿；十五整理诸表簿——学徒名籍簿、考查成绩簿、儿童性行录、备品目录、检查身体簿、学校医视察簿、各种统计表；十六行令节祝贺式，授与卒业证书式。以上事项，有各教员分任，校长总其成。教员事务：一担任儿童教育；二整理教室；三辅佐校长分掌事务，其主要三事——图书、器械、表簿；四稽查儿童到学；五定每日所教功课；六看护休息时游戏；七更番宿直。学校医职务：一每月一次视察学校卫生事务；二学生现有病端，速告校长，促其处置；三每年二次行检查学童身体之事。

以上管理之内部。

小学有寻常、高等，合在一校者，谓之寻常高等小学校。又公立私立外，有所谓代用小学校。代用者，私立小学校，代公立学校之用。私立学校入学时，须赴市町村役场证明，役场许可，然后可入，否则不许入。不许入私立之学，则必入公立之学。学级编制，有所谓单级小学校，有所谓多级小学校。单级云者，如学徒卅人并在一堂，每十人一班。此班学算学，则彼两班自学写字绘画等不须作声之事，彼班学国语，则此两班亦自习不须作声之事。乃一师分班教此卅人，皆经费支绌之办法。多级则每班分一教习，不混在一室。

学级编制

此二种外，又有所谓半日小学校者。分学童为二部，上半日教一部，下半日再教一部，此校教习甚忙。

学童数目，寻常小学校，每班七十人以下。高等小学校，每班六十人以下。逾额别收，得增十人。小学校分十二班。

学童同一学年，为一学级，亦有二年三年并入第一年者。一学级即一班。

教员担任，分科目担任、学级担任二种。本国现制，学级担任之外，别用专科教员，分任各科教务，如图画、体操、唱歌、农业、商工业、英语、裁缝等，皆有专科教员。

以上学级编制。

小学校费用，市町村担任，有授业料（即学俸），归市町村收入。学费概目：一校地校舍维持费用，二职员俸给旅费，三消耗品及通信搬运诸费。 小学校

现今小学校费用，取之市町村税。有天灾时变，辄若不给，必应蓄积基本财产，乃可支办不匮。

学校费用，由市町村支给，如学中购物，应赴市町村役场领价。

以上小学校。

小学校一切庶务，都归教师兼理。中学校则有书记分管，书记大约三人。高等学校书记十人，大学校约卅人。 中学校

小学校无寄宿舍。中学校学徒寄宿舍中，故有舍监。大约三四人，由教师轮流充当。文部省直辖学校，大约止一人。文部所辖学校，书记以外，校长可雇人襄助办事，不必待文部命令。

中学校、高等女学校，有父兄保证人会，每年三四次一会。会时，校长、教员与学生父兄及保证人讲说校中教法。高等学校以上，则无此会。

中学校以上之学校，校中有校友会，皆学生自立，有学校教师等为之监督。会时为户外游戏，水中游泳、竞渡、击剑、搏力运动诸事，或开场演说，及出报等事。

小学校教师以学级担任为主，中学校教师以学科担任为主。学生五级以上，学生每增一班，教师须增一人半。

以上中学高等学。

大学校

大学校校长，总管一切，其有重要事件，由评议会决议。评议会员，分科学长以外，各科又举一教师为之。如日本大学分六科，每科连学长凡得二人。会员共十二人，校长为议长，凡十三人。

分科学长，总管一科之庶务。其一科中重要事件，由教授会决议。教授会员，即分科学长与教员等充当。

凡博士乃有学位，博士四等：一、大学卒业，入大学院五年，呈一文于大学校长，校长取中，乃为博士；二、未入大学，能作文呈博士会，会中老博士赏拔，荐于文部大臣，许为博士；三、作文呈文部大臣，文部大臣取中，亦可为博士；四、大学校长推荐，亦可为博士。自博士会赏荐以外，校长文部大臣所取，必须经评议会论定。评议会又先以教授会公举为主。博士会，至少须得七人，乃能立会。大学校书记以上，有书记官，书记官与教授平等。

大学校附属各种：医科有病院；理科有天文台、有植物园，水产临海实验所；农科有演习林，演习林者，林学演习实验之所。以上五种，归各科教授监督。此外有图书馆，归校长管理，用教授或助教授监督，由校长选派。

高等学校以下，学徒管束甚严，不到必查问保证，大学则无此。高等学校以下，每年考试三次。大学每年止考一次，间有考三次者，尚有功课止讲而不考者。大学师生讲授习课皆比高等以下时刻为少，因欲腾出日力，使自研究。

大学虽各分科，此科学徒，可往彼科听讲，来往无禁。

学徒行止，归舍监管理。助舍监者，有书记二人。

以上大学校。

露国大学中，有若警察部，防检甚严。

外国大学

英国大学，必应寄宿，不令学徒外宿。若异国人，可不寄宿。独逸国大学无寄宿舍，其学生团力最固，有种种社会，会中联络，不用学科，但用贫富贵贱分类。各国学徒冠服，皆有殊异制度，一望可知其何学。独逸学徒冠服，各会自异其服制。各国学制，无如独逸之任令学徒自由者，大学中全无考验，以其学程度已高，不须防检故也。

露国（俄国）独逸国（德国）米国（美国）佛国（法国）

米国大学，略同英国。现颇采用独逸制度。其学堂英独参用，寄宿舍或有或无。近今英国风气渐长。

佛国大学，于学徒操行不甚注意，其自由之流弊颇深。

瑞典学徒，有乡里会，会中往往有高官富贾捐助，多会馆、图书馆。其国虽小，教育最多名家。其小学校，每日有二时教习手工，故手工为欧洲之冠。又体操，视学时所费身力，用体操补益之。如用脑力之后，令其运动手足。用口舌之后，令其养息口舌。用目力之后，令其养目。其法甚多，现时英国及欧洲他国皆采用瑞典体操。瑞典小学校，待遇教师最善，其俸给出自政府。瑞典口语与欧洲他国不通，故其教育皆用英文英语。虽取资于外国，而教育特为发达，自成本国人才。

拿波仑（拿破仑）

法国自拿波仑改革以后，学制一新。大学校全归政府，经费出自政府。英国大学经费出自寄附金，寄附金者，私家捐输之款也。英国大学之寄附金，多出自帝室，故经费充裕，而不受政府之裁制。独逸大学经费，政府与各藩各半。大学校长，由教授中推选，不由文部任命（英国亦然）。米国无国立之大学，其十三洲，各洲有一大学校。洲学无势力，因财皆有定限，不能拓充。其势力大者，皆私立之大学校。缘米多巨富，富人往往独立一大学因复设立众多之中小学，财雄势力大也。

以上外国大学。

外国大学试验

佛米二国大学，分学期学年试验。独逸与法米，不独全不试验，讲义听毕，即作为卒业。英国不分学期学年，每年考验二次。第一次考取者进入一级，第二次考取者又进一级，三次四次尽然。学徒不必循次应考，有不考一二三次，而径应第四次之考验者。伊大利略同佛国，分学期学年。此法有弊，学徒平日并不用功，临考再行用功，用功专为考试。其后仿照德国，不分学期考试，于卒业以前，考其修业谓之修业试验。修业试验，与学期学年之试不同，其法专考其所攻专门之业，不似学期学年之遍考各学。经修业试验之后，可以考学位试验。独逸全无试验，但有学位试验，考与不考，各听其便，不过不考者不得学位耳。

伊大利（意大利）

佛国规定课目，均须熟读。独逸止须熟一课目，即可入大学。如法学科之学徒，亦可听他科之课。英又不同佛独，其学堂定无数试验，试验既遍，即为卒业。其试验之法，一次试验可以遍验数等。米国有随意科，甲科学徒，可任意往学乙科之课。既学后，可考可不考。日本大学，亦有随意科。英国有特异者，学堂教师之外，每一学生，更有师傅一人，师傅比学生略高一等。此师傅非学生自觅，乃学堂代为选派者，此师傅即无须别项学规约束。英国试验有二种：一卒业试验，一名誉试验。卒业试验，科目少，题目易，及第有学位。名誉试验，科目多，题目难，及第所得学位最贵重。英人名之赛倪墺，谓最优等也，日本即名之曰最优等。赛倪墺(senior)

以上外国大学试验。

外国学位

佛国由学堂卒业，即可作官作教师作医生。独逸全与佛反，学堂卒业，不能即出身办事。欲作官作教师行医，皆别有试验。英国医学，欲行医者，亦不徒凭卒业证书，须更行试验。他种学，但有卒业证书，即可出而办事。日本不一律，法科卒业生，欲为官，须经高等文官试验。欲作辩护士及裁判官之检事，不必试验。医工各科，及为学堂教师，皆不必考试。佛国近来定一学位，名曰纯正学术，凡学堂所定科目，皆经考验者。

以上外国学位。

外国学税（学俸）

外国学税极贵，种类亦多。有学料，授业料，试验料，学位料。学位料最贵，以日本货币言之，约合银币二百元。又有图书费，教堂费（此款止独国有之），消耗品。独逸一礼拜听一时讲义者，每年收学税五元，听廿时以上者，全年收一百元。此外消耗品之费，一年亦在百元以上，消耗品有等学科不用者，英国授业料，每年每人一百五十元。米国每年四百元，贫家不能入大学。各国近章，贫家学高者，不收其授业料。英米于贫生由学堂津贴，有一年津贴千元者，亦有视试验高下为多寡者，有给与一年二年者，有给至卒业者。伊国因大学堂学徒过多，欲减少人数，于是加增授业料。日本初开学堂，生徒甚少，欲广招徕，不但不收授业料，且给与学资。后学徒日多，乃裁去给费，收其授业料，渐又收其试验料入学料。现今授业料，每年廿五元，消耗品每年十元。贫生每月可借给十元以下，仍收其授业料。家道不贫，考得优等者作为特待生，不收授业料。

各国大学数目：独廿二，奥十一，英十三，佛十五，伊廿二，露九，米二百馀（有名者六十），日本二。

以上各国学税（即吾国所谓学俸）。

各国学风

佛国学堂，卒业生即可出身办事。学堂功课，皆实验应用，非研究精深之诣，故学术无甚进步。他国人皆笑其大学堂不足当大学之称，不过一实业学校而已。佛人近少高学，亦以此故。近年颇学独逸，渐求精深。独逸学问门类甚多，而所造甚精，所以独人学问，有名者甚多。但独人亦有一弊，往往有不能通之学，不便行用。英国大学，不过一高等普通学校，大学堂卒业生，出而应世，程度不足。英国教育，专重文艺，因卒业生将为上等人，故文理最为重要。大学堂考试，分三等 ，第一次考，先考文艺。日本略同佛国，学堂所教，皆系实用，预备出而问世。现今大学教习，多从欧洲学归，知独逸学精，皆改从独国办法。米国亦略如佛国，学堂均豫备实用。米国学士高者亦少，一由学问专取实用，一由教授时刻过多，教员无暇自加研究。米国教师，不但教学堂生徒，凡学堂中附属之他项学堂，亦皆由此教师兼教。近来专学独国，学术一进。

以上各国学风。

伊大利八百年前初开大学，先从小学校起，现在各国大学堂，与预备学堂分开。米国则大学与预备学堂仍是合在一处，尚有别项学堂，均附属大学校内。米国大学，止有文科理科，如法科医科工科农科，均附在大学。程度甚低，不能作大学程度。近来讲求渐精，渐求合大学程度。他国现今亦多仿米国，以预备学堂附属大学。日本初开学堂，预备门附入大学。 外国大学附属各学

以上大学堂附属各学。

教授法

各国学制，每国不同，若教授法，则各国都是一律。 各学校教法

现所有书，言教授者，不过小学校，今略明各学校教法。一、学级编制法：凡学徒程度同者，作为一级，一级中学力不及者，归入下一级。一级中人数过多，则教师不能遍教，大约卅人或五十人、七十人为一级。寻常小学校，可七十人一级。高等小学校，则六十人一级。中学校五十人一级。高等学校，则三四十人为一级。一级中人数愈少愈佳，但每级人少，则教员须多，经费难筹，故势不能过少。如外国语学校，人人须读书，常须与教师谈论，人多殊不方便，此校廿五人为一级。若教师但用讲授，则人多不妨，虽一二百人为一级可也。二、教授形式：教授有三式，一讲论式，一问答式，一示范式。修身、读书、地理、历史等，学生初无所知，全恃教师告谕，此宜用讲论式。算学理科各种学，皆就学徒已知者，发明其未知之理，此宜用问答式。读方（即读法）、习字、图画、唱歌、裁缝（女）、体操、手工，皆技能一类，须教者先示形式，宜用示范式。讲论、示范二式皆古法，谓之注入式。问答乃新法，谓之开发式。注入式用时刻甚少，学生不劳而得，又甚觉有趣，宜令其时时习复。但注入式，学生未经思索，不能独立，故又须用开发式。开发式，问难以启其疑，非思索不能得。如外国语学，用问答式，可使时时练习，教师亦可借知学徒学力所至，与性质如何。师生又不至隔膜，问答式甚费时刻，此二法皆有利有弊，必须兼之，取其利，去其弊，乃为善教。三、教授程度：教师须知学徒才力所至，因序诱进，不可使之仰企不及。讲授时，就所已知，连类罕譬，以次深入，仍粗举一隅，令其三反。四、教授时刻：凡学科难者，宜于早晨教授，以学生晨间脑力充足，能任思索。难科不宜过久，又难易二科，宜调停分匀。教授各科，小学校每科四十五分钟，中学校以上五十分钟。一科完了，须休息十分钟或十五分钟。小学校幼孩始学，每科不过卅分钟。体操之后不可教写字画图，因其用力之后，手宜战动，不能自制。凡教唱歌，不宜妨害他人所习功课。

考察成绩

小学校若用考试法，幼童争竞心盛，恐其因此致病。近来不用考试。由教师随时记其各学分数学年，年终积算，以定及第落第。至名次前后，不依学问高下，但据身体高低为次，所以泯其争心。中学校师范学校课目，教师平日知学童学力所至者，不须考试。有不知其程度者，必应考试定之。

试验之法，约分二种：一、学期试验，一年分三学期，每学期届终（十二月三月六月）考之；一、学年试验，兼三学期之考验而合计之，往往于第三期，并作一场考验，其考法不定，有时一学期分几次考验。

高等女学校，照小学校办法，亦无试验。但如修身、历史、地理、理科、家事及关系教育之学科等，教师不能知其学力如何，则必须考试。

高等诸学校，学期学年之满日必应考试。高等专门及大学并同。

教科书

教科书　小学校各科，通有教科书。中学校、师范学校、高等女学校，除唱歌、体操、裁缝外，皆有教科书。高等学校，各种专门学校、大学校均用讲授，无教科书。中间亦有一二科有书者。有教科书各科，其教法用讲论式，使学生静听后再授以书文。现文部省所监定教科书，止小学、中学、师范及高等女学四种，馀无。

教授法大略如此。此是普通教育，中学以上专门学业，未备说也。专门学乃是各种技术，重在智育。小学、中学重在德育，养成幼童德性，教师必应真知学徒性质。此事甚难，须教师讲求教育学心理学，乃能体会。又须讲求论理学，凡人思想，多有自思矛盾者，论理学是教人遇思想时，避去矛盾。

学校设备

建学必须择地，择地必应宽敞，尤宜于卫生适宜。小学校必应使幼童来往皆便，风俗不美处，不可设。学堂地须清静，无危险。

设备略分三种：一择地、二校舍、三校具。校舍必于授业管理，皆能便利，尤须便于卫生。房室取坚牢，不取华丽。

幼稚园　幼稚园通用平房，不用楼屋，幼稚上下，恐有跌失。

幼稚园房室有数端：一保育室、二游戏室、三休养室、四保姆室，房外有游戏园。幼稚园器具各种：一练习五官思想之玩具，二画幅，三练习手足气力之玩具，四音乐玩具，五黑板，六几案椅凳，七钟表，八寒暑表，九暖炉。

小学校舍，亦不用楼。应用之房，每一学级宜用一室。总教室之外。有特别教法，即须有特别教室。唱歌、裁缝等事，皆须有特别教室。高等寻常小学校有讲堂。学堂外有体操场，形式以正方为善。经费裕，地基宽展，可造教师住宅。学堂所用物，皆教科仪器、参考书籍及适用器具。中学校造法，略同小学，可造楼房。教室较小学为多。学生须寄宿校中，必应有寄宿舍。其故有二：一因中学校不能多建，学生来者皆远；一因学生嗜欲渐开，必应防闲检束。寄宿舍约分七种：一自修室，二寝室，三舍监室，四食堂，五应接所，六盥浴所，七病室。校具比小学为多。经费裕，地基宽展，可造校长教师各住宅。中学校有名簿二：一校长教师管事人名簿，一学生名簿。 小学 中学校

高等女学校略同中学。 高等女学校

师范学校与中学不同者，有农业练习场、商业实习室、手工实习场，此三处皆特设。 师范学校

工业学校，惟特置实验器具为异，馀同中学。 工业学校

文部直辖之学校，其设备较公立学校为大。 文部直辖之学校

图书馆博物馆之益

图书馆，聚本国外国古时今时各图书，以备博览参 图书馆博物馆

考。其益有二：一供专门学之研究，一广普通学之见闻。专门之书价甚贵，学者无力购买，则考定有缺憾，有图书馆足以济其用。凡聚书家，往往藏自己应用之书，其不急用者，便恝置不备，一时查检，无从索之。图书馆广收博辑，无所不备，足以待学者之考索。专门书不借出馆，普通书可听人借出。

图书馆有官立，有公立，有私立。

图书馆建筑法，与他建筑不同。图书日新不穷，随时添置，则房室亦须添造，必基址宽大，可随时加造。其造房之法，亦应预备随时增改。其选择地势，宜据一城一町村之中，使学者可以四面而至。又须光线合宜，空气流通。日本上野图书馆，四围茂树，于光线殊为不宜。庋置书册，宜避火灾，万一遇火，宜使稍避火患。如此房之火，不至蔓延彼房，此皆建筑时宜商定妙法。

图书馆有必不可少之房数种，一书库；一阅览室，宜分男女；一检书发书之室；一阅览新闻之室；一委员平议室；一事务室。藏书目录分二种：一备馆中人检查；一分各种学类，备阅书人检查。博物馆略同图书馆，类聚内外古今美术品、日用品、工艺品、古文书、博物标本，搜辑陈列，以供众人纵览，一以保存贵重物品，一以广庶物实际知识。

上野博物馆，名为帝室博物馆，属宫内省。往时诸侯送呈各藩物产，现时华族贡进各家珍宝，均存此博物馆中。日本博物馆有三：上野一也，西京二也，奈良三也。

博物馆陈列物品有二法：一法环列各品，游者绕行一周可以遍览；一法陈列各室，游者遍履其室，出入异道，各室皆在目中。

日本学校沿革

德川氏幕府及诸藩各学校，士人数十万，武事之外，文学亦盛。农工商子弟，亦师师就学，实维新后教育基础。维新前百六十年，伊大利宣教师来，将军命新井白石，从问地理风俗，著有西洋纪闻。后十馀年，将军吉宗时，西学渐起。又廿馀年，青木昆阳，始讲习和兰书，是后翻译踵起。及露侵虾夷，英舶入长崎。于是始修露英两国语学。维新前五十七年，江户立翻译局，译地理书、文辞书、医书之类。又十五年，译物理书。又十三年，译化学书。西洋科学益盛，于是幕府有防制西学之事。翻译局所译书，不肯传出。私家所译，必幕府认可而后印行，然西书自是流行不绝也。维新前十五年，米人挟制立约，英佛露兰普诸国，相续立约。又二年，江户立洋学所，医学所，寻长崎立语学校，习中国和兰英佛露诸国语言。又十年，始遣生徒赴和兰游学，渐及露英佛，皆遣留学生。其后兰学渐衰，英佛独学渐盛。当时学生，后皆为国致用。 明治维新前

维新以后，教育制度，有旁助各事。兵制法律官制服章，皆改从西法。学校之教易行，此要点也。 “要点”原作“要點”

维新后敕文，有求知识于世界一语，为后来教育根本。明治元年，天皇尚在西京，即将西京学习院改为大学 明治维新后

寮。长崎医学校、语学校，皆毁于兵，至是复兴。自迁都江户，又兴复旧时之昌平校，医学所，开成所。其后昌平校废，而医学开成二所，即今东京大学校之基址也。元年九月学令，敕建大学校，集天下人才，兴文武之道。于是西京设皇学所，汉学所，以教公卿在官者及其子弟。立规条五则，其第五则，学徒入学，自八岁至卅岁为定限。二年，皇学汉学二所并废，而各学校均加入外国语学。先是官立学校，惟武士得入，明治二年，始令平民士农工贾皆可入官立之学校。开成所德川幕府晚年增入和兰语学，至是并增英佛普教师。于是大阪立化学所。长崎医学校，聘和兰教师授算学，化学，几何学，物理学。东京昌平校改为大学校，定大学官制，未几以医学校为大学东校，开成所为大学南校，此二校不在大学中，自是各藩子弟，至东京大阪各处入学者渐多矣。明治三年二月，定学则六条。七月，改正学制。退散前时学徒，选拔藩士有才学者，年十六以上廿以下，送入南校，谓之贡进生。又遣学徒至米佛二国留学，而东伏见亲王亦至英国游学，即今所称小松宫亲王者也。凡海外留学生，归大学管理。

“大学南校”原作“大国南校”

明治四年七月，废封藩，置府县，旧时藩学并废。是时大学亦废，始立文部省，统理全国学务。文部甫立，以二事为重：一编教科书，二定教则，于是贡进生之制废止。是时学制纷更不定，旋立旋废之学甚多，不可胜纪。惟政府前进之志趣，百折不变，是以屡败屡兴。

全国学制分七大区，北海道别为一区。一大学区分卅二中区，八大区共二百五十六中区。一中学区分二百十小区，全国共五万三千七百六十小区，一中区管理学事人十名至十三名。一小学区管理事人，察度地方情形，人数多寡不定。管理学事人，专主劝立学劝入学之事。凡学校不尽收学俸，俸不足者，地方助补之。地方无力，国家助补之。明治六年，国家助补费共卅万，八年则七十万，十年减为五十六万。至十四年，财政支绌，助补费仅给半年，民间以寄附金足成之。

明治五年，小学教科，分上等下等，下等十五科，上等女一科。其因地制宜，复增四科。中学亦分上下二等，二等各廿科。小学下等六岁入，至九岁止。上等十岁入，十三岁止，上下合在学八年。二等各分八级，每级习业六个月，六年又改定。是时大学四科：理科，法科，文科，医科。又遣留学生分赴英佛米就学。

明治六年，全国中公立小学七千九百九十五校，私立四千五百六十三校。教员二万五千五百卅一人，生徒百十四万五千八百二人。小学生徒授业料，每月每人五十钱，少者廿五钱。一家二人或三人以上入学，又得减少。明治十二年十三年，一再改定，说详后条。

师范学校，明治五年五月始立。招集能充小学教习者为学生，请米国人为教师。六年宫城大阪、七年爱知、广岛、长崎、新潟等处，各设师范学校。其馀各处，多设教员传习所。以师范学校卒业生为之教师，用速成法，养成小学教员。明治十一年，公立小学校二万五千三百九十四，私立一千一百九十，教员男六万三千六百四十七人，女一千九百六十五人，生徒男百六十七万九百八十七人，女六十万一千八百四十九人。明治十二年以前，文部岁颁学制，其时西学尚未能明。办事诸臣，专讲西法，亦未深明西法与本国能否合宜，事体尚多隔阂。十二年，废学制，改为教育令，行之尚多弊病。十三年，又废教育令而复学区之制。学区与前不同，由地方官自定。小学校师范学校，皆定有画一之规则，凡与普通教育有关者，皆定有规则。此普通教育第二次发达之原因也。先是翻译西人教科书，以授小学生徒。究竟西书与日本国俗不合，明治十四五年，文部大臣以儒教为重，改定修身教科书，全与西法相反，其事亦未能久行。明治十六七年，财政竭蹶教育经费难筹，于是地方议欲减省教育之用。十八年，又改教育令，以节经费。十九年，政府大改革，教育又遂大变，尽废前此之教育令，别立各学校令。小学校大概以费省法良为主，先是小学校所收授业料甚少，市町村助补甚多。十九年定令，全用学童授业料为主，市町村助补甚少。但此法用之市町尚可行，至乡村则多窒碍。先是小学校学级，每半年一级，十九年以后，改为一年一级。先是教员未甚整齐，十九年以后，教员一新。学科必须完全，先是学费均由公给，其后学生日食及学费，由官筹给。衣服器用，仍须自备。十九年以后，一切改由公给。是后修身科不用教科书，由教习口授。有用西洋哲学为主者，有用西洋伦理学为主者，有用儒教者。前此不讲体学，十九年以

“隔阂”原作“隔关”

后，体学渐兴。

明治廿年，西学复盛。廿一年，又起保存旧学之议。其后西学益炽，并道德之说，均以西洋为主，且欲以耶苏之学，列入学堂。廿三年，天皇下谕，仍以儒教为宗，中有启发智能，进公益广世务，重国宪等语。

自明治廿一年，公布市町村制度，小学校归市町村设立，市町村制度一变，学校亦从之而变。廿三年，尽废从前小学旧令，改立新令。定教员退隐料，及教员故后，扶助妻帑料。改正师范学校规则，廿四五年，此令始通行。至明治卅三年 ，又改旧令，是后国民教育，始渐成就。

明治廿九年，定令教育年功加俸（年功者年限已满仍复尽力教育也），其所加之俸，由国库给发。至卅三年，于所加之数，稍有增减。现今全国学校加俸，统计用一百万元。

明治卅年，立地方视学官。至卅二年，废地方视学，立道厅府县视学官及视学，郡及岛厅皆置视学。自立视学官之后，小学进步益速。

明治卅年，废师范学校令，立师范教育令，增加生徒额数。

此卅年中，日本小学校，改变最多。有始立未善，渐久改良者。有始时形势甚合，后来形势又换，即不能不改者。要皆改而益进，日就完美。是后学制日新，仍当时时改变，粗举沿革大略，足备中国参考。

小学校科目

日本人始立小学时，自知根柢不及西人，所以崇拜西人之心最甚。小学校课目，尽取之西国，因欧化过甚，十三四年年间，渐起保守儒教之论。是后新旧反复，屡有变更。近则不但学术日进，即身体亦日就强健。明治十九年小学校分寻常、高等二种。寻常学科：修身、读书、作文、习字、算术、体操；高等学科：修身、读书、作文、习字、算术、地理、历史、理科、图画、唱歌、体操、女子加裁缝。廿三年，高等学科地理、历史，分日本外国。

明治卅三年，寻常小学校修业限四年，高等限二年，或三年四年。寻常小学校科目：修身、国语、算术、体操、依土地情况加图画、唱歌、手工一科或数科，女子加裁缝；高等：修身、国语、算术、日本历史、地理、理科、图画、唱歌、体操，女子加裁缝。高等二年限内可不习理科、唱歌一科或二科，别加手工；三年限内仍可不习唱歌，别加农业、商业、手工一科或数科；四年限内可加英语。

以上小学校。

小学教育，国民之教育也，无论士农工商皆须先入小学。一国之文明野蛮，全自此分。中学校则教育中等以上之人，一国之文明势力，全系中等以上之人之智能。

中学校科目

明治五年学制，定中学校科目，分上下二等，各地方尚无中学校，有一种似中学之学校，名为变则学校，所教汉学数学英语。其下等中学校所定科：国语学、算术、习字、地学、史学、外国语学、穷理学、图画、古言学、几何学、代数学、记簿法、博物学、化学、修身学、理学、国体学、政体大意、国势学大意、奏乐，凡廿门。上等中学教科：国语学、习字、外国语学、穷理学、罫画、古言学、几何学、代数学、记簿学、化学、修身学、测量学、经济学、重学大意、动物学、植物学、地质学、矿山学、性理学大意、星学大意，凡廿门。学科虽多，然皆未能实行。明治十四年，文部省定《中学校教则大纲》，改定教法。十七年增定中学校章条，是后中学校规模渐拓。而变则中学校，仍以经费不足，不能照文部所定章条办理。不得名为中学校，但名各种学校。是时全国中学校，能合文部定章者，凡一百卅三学。十九年，大改学制，中学校分二等。一高等中学校，一寻常中学校。高等文部省管，学费出自国库，或国库给半，馀由地方筹款。寻常由各府县设立，学费由地方筹措，每县约文部可助给一中学校。是时学校减少，通国止四十四校。廿年，高等中学校、设立五区。廿四年，又改章程，地方殷富。多设中学校数处。瘠苦之地，亦须设中学校一区。廿七年，定入学年龄，十二岁以上，高等小学校卒业生或他处从学，与高等小学校第二年程度相等者。是年定高等学校令、废高等中学校、其寻常中学校，亦删去寻常二字，是时政务扩张。卅二年，定中学校令，学制焕然一新，通国中学校凡二百馀区。

以上中学校。

高等女学校

小学校往往男女同校，至高等普通教育时男女年渐长，须各分教。

明治五年，文部省立女学校于东西二京，其后渐有私立者。明治十一二年，地方新设女学数处。东京、大阪、神户、长崎、横滨。此数处有外国人租界，耶苏教会设立女学校，日本女子从学者甚多，其时女子高等教育，尚未发达也。

明治十六年，私立女学校数目渐多，十八年，设立华族女学校。是时论者欲一变从西人，女子不受检束，欲长女权，必应教育。然内地女学校尚少，女子多至租界入外国女学校。女权张甚、攻击者益多，于是女学又衰。

明治十八九年至廿年，摹仿西国之风甚炽，其后保守国粹之论兴，与西学为敌。至廿二年，倡女权及女子改良诸说，一切收止，议论浸平，而实在女学，更形发达。廿六年，女教益兴，女学校多新设置。至廿八年，文部省设立高等女学校，定立章程教则，是后公立女学校益多。

明治卅二年，定高等女学校令，于是各地方遍立女学校。校内章程、一一整顿，女学大盛。近来中学校添设者少，而高等女学校添设者多，通国学校数目；约及百馀。

以上高等女学校。

此上所讲小学校中学校女子高等学校皆普通教育，其实业学校，专门学校，以时日迫促，不及讲说，别备说帖，并近世教育概览书，可参考得之。实业学校前时尚未兴，近始稍见发达。专门学校种类甚多，初时首先开办者，惟医学校。从前幕府及各藩，并设医学，有名医家，亦复私设学堂。明治十年，各府县亦设立医学校。十六年，医学定立通则。私立学校，即所谓变则学校，中亦多医学校。变则学校，虽不遵文部定章，固亦自有章程。其尤著者，为庆应义塾。凡维新时唱民权自由之说者，半从私立学校而来，其说有得有失。私立学校与政府颇有关系，其中卒业生，往往议论不平，然大致为有益于文明，政府不为抑制也。

欧美各国小学校学科课程（附）

欧美各国小学校学科课程

独逸小学校

德国

宗教、独逸语、算术、图画、理科、唱歌、体操、女子则兼家事。

就学年限八年。

英国

英国

就学年限，自五岁迄十三岁，为八年。有第四年学力者，得以免除。

幼稚园：一适宜之诵读，习字及数学，二日常事物，三手工，四图画，五唱歌，六体操。

小学校必修科：一英语（读书，作文，习字，文典）二算术，三图画（男），四裁缝（女），五历史，六地理，七日常事物，八唱歌，九体操。

小学校随意科：代数，几何，求积，重学，化学，物理学，动物，生理，卫生，植物，农业初步，园艺，航海术，拉丁语，佛语，威尔斯语（地方学校），独逸语，簿记，速记，家事经济，图画（男），裁缝（女），割烹，洗濯，制乳，家政（女），园作，手工（男）。

年龄十岁以上，入二年以上公立小学校。修业年限四年者，谓之高等小学校。

法国

佛国小学校教育课程

就学年限，自六岁迄十三岁，为七年。

小学教育分四部：一幼年部，自五岁六岁迄七岁，一年或二年；二初等科，自七岁迄九岁，二年；三中等科，自九岁迄十一岁，二年；四高等科，自十一岁迄十三岁，二年。

教育分三种：一体育，二智育，三德育。

第一体育。

幼年部：一卫生清洁之事，二游戏，三手工。初等科：同上。中等科：一卫生清洁之事，二游戏及体操，三兵式体操，四手工。高等科：同上。

第二智育。

幼年部：一诵读，二习字，三佛语，四历史，五地理，六计算，七图案，八理科博物初步，九唱歌。初等科：一诵读，二习字，三佛语，四历史，五地理，六法制，七算术，八几何学，九图案，十理科博物初步，十一农业及园艺，十二唱歌（中等科高等科并同）。

第三德育。

幼年部修身，初等科修身，中等科修身，高等科修身。

米国小学校课程

美国

修业年限，大率六年，各州不同。

一诵读，八年间；二习字，六年间；三缀字，自第四年迄第六年；四文典，自第一年迄第五年；五拉丁佛德三国语中择其一种，第八年；六算术，自第一年迄第六年；七代数，第七年第八年；八地理，第二年第三年第七年第八年；九理科及卫生，第八年；十米国史，第七年第八年；十一米国宪法，第八年；十二一级历史及传记，第八年；十三体育，八年间；十四唱歌，八年间；十五图画，八年间；十六手工或裁缝及割烹，第七年及第八年。

上据千八百九十四年，国民教育委员之所拟定也。

“上据”原作“右据”，原文系竖排

摘抄日记第二

赴高等中学校、医学堂

五月十五日　到长崎，上陆见领事，遂赴高等中学校、医学堂。至客坐少顷，学长出导客行过图书馆药物室，至第二教场。教场者，讲堂也，坐容生徒百人。一层高一层，教习坐后，黑板，可推开以通药室。室中人取药与教习，以持教生徒考验。中岛谓讲堂不可过高，过低过大，过小，务使师生相语，无反声相乱。房顶与壁，用牙色，不可全白。过此讲堂后，至解剖标本室，所列百体，自胎儿至一肢一节，皆若生成者。后入学习所，有学徒用显微镜，阅舌及肠中细肌肉。又一室，则讲生理学，过之则诊视血脉处，遂至第六教场。学徒之坐，则环列向师，馀如前室。学长导入病理解剖室，室中藏有多瓶，皆自病人体中取出，各病处结形者，导者又入病虫室，瓶中所列人体中诸虫，有无病者之虫。用显微镜，视其虫粗如小指。又导入第五教场，其制略似第六教场。过之入视病室，疯病室。倭人谓疯病为恐水病，室中养多兔，谓取疯人身中血点兔身，则兔亦疯。再取兔血点狗，刚狗亦疯。学长又导至妇科病室，见有一几分枝，云妇人卧其上，两胫分据一枝，可视下体病。妇人羞面，以帐覆其上。导者又入验药室，所购药物，别其良楛，中有吾国药材。又至一室，为制药处，则化学家事也。别有一室，乃化学机器，其用略如船中机器。后至一室，藏瓶水可发火烧之，亦化学事云。学长导入生徒习业室，每室中容八人，甚宽敞，卧皆在楼上。继入餐室，学长别设一坐。学徒则同一几，如船中食案。其生徒居室凡三排，每排五十人，以时太迫，不及细阅，此凡学堂之所同要者。最后一室，则生徒初到者，在此室少候处也。归，下晡四钟开船。

十七日　抵神户，赴松方船厂，松方领客遍阅各厂。初至机器室，观磨铁发电机，继观穿铁机，继观造轮机，继观起重机，继观截铁机，继观卷铁机，继观裁制木材机。凡机皆不用煤，用电力水力空气压力，谓是新法。继观所造新船，乃为吾国制者，此船成后，将为朝鲜制船。并用新法制水雷，政府前试验此厂与长崎厂所造雷，卒用此厂造者，继观船澳，谓船澳旧是旋泥，不能作功，政府及西人，均谓不能成。松方坚持开办，用币一百七十万，开深其旁地安起水机。而闭澳之门户，使澳中之水，泻入所穿旁地，而用起水机出其水于外。凡三点钟而澳中之水皆涸，遂得施功，功成。而国人外国人皆惊诧谓出望外也。继观炼钢所，松方谓东亚尚无炼钢手段，西人亦传此

赴松方船厂

观炼钢所

法。此系工学博士等自悟新法，故此室向不令外人观。厂工阅毕，还坐略谈。松方谓，日本学校多未善。其前遍学欧美各学，学徒分党，各有争心而不相下，于是有不睦之弊。今则混化各国，成为日本之学。然分类过多，学者泛博而不能精，又年限太久，及其出学，脑力已衰，皆是蔽也。余问年限如何乃善，答以宜至廿一岁而止，其后用强壮之力办事，亦是学也。免致为学时多，办事时少。又言彼国兴学，专重智育，今有德之士殊少，勿再效之。松方名幸次郎，松方伯之第三子也。

十八日　早六钟，兵库县视学官小森庆助领至神户小学校，校长芥川梅次郎导客阅视，学徒一千二百人。旋至

参观商业学堂

商业学堂，校长有村彦九郎，教师徐东泰。导观商品标本室，陈列百货，考其良楛，价贵贱。旋至实业肄习室，则银行关税，英美中国各色贸易，皆通习之。生徒中有二人能中国语，又有二人为中国人。其馀所习算术地理等，皆略同他学堂。出遇小雨。

至女学堂

至女学堂，皆幼女，有织带者，其裁缝室则年较长，馀所学略同男学堂，此学中多女教习。

至幼稚园

又后至幼稚园，乳母等教稚儿唱歌，手舞足蹈，皆能整齐，儿皆欢乐为之。其教百戏，则教师用小木为型式，令小儿仿为之。或为屋或为汽车，或为山为塔为桥梁，儿手有极速者。又有教绘画室。吾国若仿行此，当不甚难，恐无诸乳母教师耳。阅毕，上火车，赴住吉。小森领至御

至御影师范学堂

影师范学堂，其校长松尾贞次郎，云是教育名家，今官从六位勋六等。导观诸学舍，其格致学化学，皆由教习用仪

器试验。吾拟买此等仪器还国，但恐无师，而所购或非佳品，则不如得师后，由师代购之为善，当寄书问管学。又至博物标本室，室中尤以矿产为要，其动物植物图式綦详。至补习室，皆曾为教师，还学堂温习，故所服衣非一色。校中附属小学女学，见诸女用木刀体操，亦皆娴熟整齐。至讲堂中，有明治御象，所谓御影学校也。行至音乐室，人各一室，其乐器皆用西国琴，日本所制音乐，盖皆师西法。至学徒修业室，每室八人，略如长崎医学校，盖学堂所同也。后遍历餐室茶室浴室厨室，外有菜圃，皆学徒自种，其厨无厨工，亦学生轮值治庖。此学凡学徒四百人，附属小学二千三百人。其室宇甚多，校长谓游廊行遍，合中国十五里。其构造时，用币仅廿八万，今常年经费凡六万。阅毕，再赴火车，小森视学官于此别去。火车中食英餐。及抵大阪，则诸君结会欢迎者，群来相见，会中备马车，驾至森吉楼。小坐，遂赴造币局、局长长谷川为治，大藏省属官金子弥平谓，如中国之三品官。内田公使有书，寄语长谷川相见，谓外务部有文移大藏，大藏饬知该局，属令导阅。旋至一室，列日本历代钱币制度，中国历代钱谱，并欧米各国币制。旋至验金处，用试金石后，仍参用化学法验之。复至化银处，银化为水，又合他药水，用机器摇之，银沉瓶底，其浮水中有银不净，仍可摇而澄取之。至炼银处，盖阅数手而成银条，又阅数手而后乃成银币。继至炼金处，及制金钱处，其法视银币尤为繁多。每至一室，局长亲自开锁，谓工人入内，不令自

抵大阪多人相迎

赴造币局

出，必由官亲开锁，然后放行。其出入必令易衣，以防偷漏。其造制铜钱之处，则未及阅视 。长谷川氏谓，晚亦赴欢迎会，遂别去。赴炮工厂，其工厂提理陆军少将楠濑幸彦，内田公使亦有书与之。是日雨，下午益甚，楠濑衣雨衣导游各工厂，金子为译言，吾辈随行各厂衣履尽湿。其制炮始自明治二年，其后屡改新式，每改铸新式，则改制机器。以其有制造之学，吾国所不能也。楠濑冒雨导行，吾辈皆甚感之。其铸成新式炮，以卅七生为最大。楠濑导阅毕，仍请入其书室，各饮以酒，谓雨行沾湿，宜饮酒以解之。别后还寓。

赴炮工厂

十九日　晨六钟，小野德太郎，大阪府视学官也，来领至东区集英寻常小学校。校长成卿槐阴，教习后藤薰，导观幼童体操唱歌等事，皆甚整齐。其教习有取之卒业生者。出赴幼稚园，小儿戏舞，保姆教习，相与领导，皆有行列，群儿欢甚。又至室中，观小儿戏作河桥海关轮车等，又有假马假船木洋枪等，使之游戏。其教习多取之高等卒业生，故颇通教育。旋至大阪府所立清水谷高等女学堂，观群女体操，先舞木椎，继排圆阵，已而四人八人，相与穿花戏舞，教师皆作乐侑歌。继观教室，教习为讲音乐之学。将别矣，校长谓学徒已治馔相待，势不可辞。肴馔为欧法，整洁可口，饭毕，齐至讲堂。校长请余演说，以诱进之。别后已午后二钟。此校长姓名，则大村忠二郎也。本意尚拟阅师范学校农学校，并纺织工厂，阅后赴西京，为时过促，中岛劝勿往纺织工厂。因赴师范学校，校

赴集英寻常小学校

至清水谷高等女学堂

长导入木工室，旋至讲堂，遍历化学格致各标本室。生徒适皆体操，观其击剑，及持洋枪格斗。中岛谓击剑古法，可学可不学，持洋枪格斗，则人人须学。又有两人手格足抵，各尽气力相持，谓之舞蹈。吾去岁为东文学社名之为蹶张室者也，此非勇夫不能。其操场则排成兵队，演习洋枪，与军营无异。校长言中学堂卒业，须充兵一年，师范卒业。止充兵四十二日，以其在学堂时早习兵事也。此学校附属小学校，当师范生演枪队时，小学生徒，亦演体操。在操场者，分队左右牵绳，以争胜负。在室者皆幼男子，结队教习，用音乐诱令歌舞。此校长未送名片，而别赠章程书列名其间。先是，农学校迭致电话，要令速往，至是遂赴之。校长送名片，遗失途间，别赠报告，中列其名。农学院陈列标本，各国谷蔬诸色尽在。又列蚕桑标本，考验牛羊病势，昆虫形质，树木病虫等，皆甚精。其生徒皆赴田实习栽秧。又牛医难为骟牛，用德国新法，用刀割取，割后用油药淋破处，谓免土害，不须缝皮。凡动手止五分时，遍游田间而别。自始出至此，视学小野先生陪游，至此始别去。是日六钟启行，八钟到西京。

赴师范学校

赴农学院

廿日　往拜西京府知事大森钟一，据云大学堂文部所立，府县立中学，村町立小学，中小学皆地方筹款，不仰国家经费。吾问地方如何筹款，答云，于国税之外，或加二毫四毫。吾问贫瘠地不能出费奈何，答云，视其产业多寡实数定之，不出则用压力。然日本至今，无敢不出者。问，何能得其多寡实数，答由公议酌定，不能大相远。

访西京府知事大森钟一

问，地方加派，仍报明国家否，答，由地方预计来年用款，量出为入。报政府，政府遣官覆核，核定，即照办。问，穷乡不能立学奈何，答，日本无不立学之町村，有山僻不便立者，附入邻学，不能附者，遣教习往，专教之。谈久始别。知事遣视学官，陪往高等女学校，其规制略似大阪。所历割烹室盥室、习仪室、分本国外国、病室、浴室、皆大阪所未游者。中岛夫人，自此学出，今与其妹同领游学生查视学堂，中岛则领余等随视学官校长等查视。阅毕，阅卒业生所留书画册，遂归寓。

赴高等女学校

大学堂总长谈学校情况并参观

廿一日　与中岛率生徒赴大学堂。总长法学博士木下广次，熊本人。为言此大学校始立五年，诸未齐备，前大学生徒，考法未善，吾今改之。向来年终考试，班中有一人不中者，全班皆留习一年。吾今但令不中者一人留习，其馀考取诸人，皆入第二年学级。又教习与生徒向不惬洽，缘教习过示尊严，吾今专取款洽，使诸生乐相问难，此二事差胜旧章。开办大学，最为繁难，中多阻力。吾今工才及半，君则始谋开工，君将来所历之难，皆我所已试。倘有所疑问，顾悉以相告等语。旋领观传电法，叉光镜，木作图画各室。谓大学必宜有机器局水道两事，遂导观机局三座。此学分四科，曰法学、曰医学、曰工理学。工理学者，并工科理科为一科也。曰文学，尚未设立。吾辈前在长崎，已查考医学，因导观工理等科。工以矿工为主，中兼电化。导至工学教室，谓生徒末座太高，教习须时时仰首，于养脑有碍。此乃实测教室，学徒宜望见师几案所陈，非他讲室之比也。导至木工图画室，谓凡制造，必以图画为根。导至标本室，所陈机器车船等式，皆与真者无异。吾请将此学校全式，作一木式，寄回京城，工料价核实照付。木下云，不须付价，作为西京大学，奉赠北京大学之物可也。吾欲问大学书目，木下云，大学无书，缘生徒皆已能自读书，所讲问者，皆各书中深微之理。若欲求书，不如购欧美各报，彼皆大学中讲义也。吾问化学格致各仪器，木下云，宜先定教科，然后就各科应用之器购之，乃不妄费。其言皆极精核，别后归寓。

赴盲喑学校

廿二日　赴盲喑学校，其喑可医者，已能作中国语，视吾辈不能作日本语者，不知谁喑谁不喑也。其盲者能扪纸识字，有为生理学者，有学音乐者，有体操者。其聋喑甚者，教师示以手势，即知其事。能书画，闻余至，皆作画赠余，而盲者作日本诗一首相赠。此等教育，可以弥补天地之所憾矣。其馀学校请游观者甚多，皆不能往。晚八点钟，乘汽车赴东京，盲喑院长曰岛居嘉三郎。

观大学堂法科

廿五日　赴大学堂，与总长理学博士山川健次郎一谈。山川旋派理科大学长理学博士箕作佳吉，理科大学教授理学博士理学士小藤文次郎，理学博士理学士饭岛魁，理科大学教授理学博士理学士神保小虎，与野田义夫，同率领看视。先看法科，讲堂容四百人坐位，讲师座后，有板卷上房顶，其末端又向下卷。板用黄漆，滑而有光，谓讲师发语，由此板逆折而落诸生座中，乃可遍闻，此声学事也。房顶用牙色，壁用石灰，勿令过白，恐伤目精，此光学事也。地板下均有瓦斯管，冬令能通热，此气学事也。别一讲堂，生徒坐位层累而上，愈后愈高。其房屋坐位高下之度，皆有定则凡案与坐位相距高下，系依日本人身材为度。中国人身高，则高下相距，宜别定矣。过图书编辑所，入显微室，有小镜机在南，蔽室光使暗，以极小之物纳镜间，能令其形遍满北壁。继入图书馆，有书卅一万三千馀部，中国日本书十七万馀部，馀皆欧美书。继入动物学列品室，箕作导观之，备列各国山海所产奇物怪状。入地质学列品室，观矿物，古生物，地层中生物化石。小藤饭岛分导之，各为解说，甚明显。继至物理实验所，用显微镜观矿物中细质，皆五色斑斓。继至动物解剖室，观学者用机器解剖细微之物，至为玄妙。十一点钟还寓。山川劝中国开办时，宜先小办，渐渐拓充。又劝大学中必立医学科，最为国民要务。山川自明治九年在大学，至今十有六年矣，所赠医学工学书皆英德文。

观大学堂工科

廿六日　赴大学堂，阅视工科，教授工学博士工学士辰野金吾相见。遂与工学博士理学士高松丰吉，导阅机械工学，应用化学，造船学，建筑学，采矿冶金学，土木工学，电气工学。每导观一学，则由其学科之教授导示。其人皆不通名刺，辰野高松而外，仅中村达太郎，真野文二，有名刺。真野为实业学务局总长，兼机械工学第一讲座分担。中村则建筑学第一讲座担任，兼第三讲座分担，皆工学博士工学士也，其馀则皆不得其姓名。其机器，有压铁机，有拉铁机，有扭铁机。试验其拉铁机，用英尺八寸，使九万四千斤力之机器，牵引其上下两端，能令八寸之铁，拉长三寸八分三。过此，则此铁断裂。机械工学科，有吾国学生三人，沈琨、张锳绪，皆直隶人，高淑琦，浙江人。应用化学科有吾国学生一人，张奎，江苏上海县人，在大学堂学造军器。教师谓，此诸人皆已卒业，皆愿再留学一年，张奎即管学所札调三人之一也。教师谓此诸生所学，皆与日本人略等，惟未入中学校。有浙江人陈幌者，曾在第一高等中学校卒业，今入大学，其学已甚高，陈幌廪贡生。工科阅毕，理科以昨未阅者尚多，诸教师仍在学相候，遂再往观。历实验场，光学室，暗室，格致试验教室，观其使空气成水法，还寓。下午四点钟，拜文部大臣菊池君，菊池谆谆以体操相勖。又谓大学校现已放假，惟高等女子师范学校，及高等男子师范学校，尚未散，可先观。又请观各学校给予卒业文凭，谓无关教育要义，亦教育中一规制也。大学编辑所，赠日本史料，日本古文书等。帝室制度调查局主事关谦之来拜，盖昨与小村外部言，欲遍览彼国制度，故小村遣来相见也。 留学生三人

廿七日　赴高等女子师范学校，校长高岭秀夫导观各室。其教习多取之高等卒业生，其教穷民女子。有一年二年与三四年之学级，并教于一室者。年分一行，教此行以此业，教彼行又易彼业，校长谓余，此教贫乡不能多立学之法也。高等女学校专攻科，皆有物理学化学。是日校长留饭于学堂，肴馔皆学生所办。教授槙山荣次，南摩纲纪，有名刺。南摩年八十，有自寿诗索和。旋至新闻报 赴高等女子师范学校

馆，其机器一点钟印二万四千张，可谓极速矣。

赴高等师范学校

廿八日　赴高等师范学校，校长嘉纳治五郎，外部派小村俊三郎伴客，文部则派野田义夫，日日伴往各学。外部今日始有人相伴，其国待外国人，可谓尽礼。此学校为森有礼所创，初止容百人，其后来学者浸多，添置屋宅，分在数处，此初时基址狭小之过也。学中习英文者甚多，一室习德文，无习俄文者。观汉文教习讲左传，所讲皆粗浅，此国汉文，不复措意矣。至标本室，试解剖机。机为教员邱浅治郎所自制，邱君理学博士，为本校评议委员。观化学室，教师用镪水化矿石，用药水数种，分矿产之为金为银为铜铁铅等，各以色别之。又试提金法，铜铁杂者，以铁丝入瓶中，铜随铁丝而出。银铜杂者，以铜丝入瓶中，银即随铜丝而出。观格致室，教师试验磁气，以铁烧红，持一铁条按于红铁上，即有声，声之大小，随按力之大小而异。恐观者不明，又取一物，横悬长短铁条，分为六七层，以次渐短。谓击铁之声，入于铁中，不击则声复由铁还出，铁长则声长，铁短则声短。能明此理，即知无线电之所以能传。以电力有声，传于空中，惟人耳不能闻，此声传于空中，即成声浪，电虽无线声浪已由此端传于彼端。欲试其法，即用两铁片传于磁铁之两旁，下通电线，电力传于两铁片，此易知也。持一玻璃于两铁片之中，两边均无倚着，而电光入于瓶中，此无线传电之验也，此犹去电线相近者耳。置电机于东，置灯檠于西，电机发力于东，而灯光已明于西，相去甚远，而电光已传，此声浪所传也。持小筒吹于东，而西方之灯光，受其吹拂之力，虽面向南吹向东吹，而西方之灯光，皆受其吹拂而为之高下此声浪所传也。是日留饭于学堂，吾辈自给资费，盖学堂并无待客之费故也。别后游美术学校，观塑象绘画雕漆各术。

廿九日　赴华族女学校，学监下田歌子，从四位，兼教皇女二人，谓之常宫周宫。其人深于教育学，此学校主办廿馀年。颇以吾国女学为意。其干事为正六位勋五等浅冈一，导观各室。体操甚整齐，作字皆悬腕。下田留饭，饭后闻学徒弹筝。筝中国乐，今少知者，日本乃习之于女学校，吾甚愧赧。其歌词皆下田自撰，尤难之难者也。 赴华族女学校

六月一日　阅视大学医学堂，教授医学博士片山国嘉为法医名家。据云诉讼者多似被杀，解剖，则系病死。又或外似病死，解剖，则系被害。自医学大明，裁判所甚得裨助，此吾国所急宜讲求者。历游考验毒物室，生理化学室，生理室，解剖标本室，皆他处所未见。小村邀至花园午餐，谓是外务部饬备者。饭后，医生解剖病人左腹，于胃穿一孔，使纳饮食，主持者神情闲暇，未几而毕。旋阅病室，眼科解剖标本室，馀未及遍观。出赴音乐学堂，观卒业给凭礼，学堂在上野公园。音乐学之德国，而用日本词调，甚可观也。 法医

三日　阅农科大学校，校长松井直吉，先来相候。旋导观化学动物昆虫学，于蚕学尤为精审，既取有病虫之蚕，别置一处，又将蚕所生之虫，考其有毒无毒。继观兽 参观农科大学校

医学，陈列标本极多，有自牛胃中取出大圆石如碗大者，又取牛身之病虫，纳之合生牛温度之室养之，则虫皆活不死。见诊狗病者，狗皆帖耳受治，似若有知。继观田苗，各用木区分为界，试苗之肥瘠。继观林学，茂木蘩立，人行绿阴间。至其极密处，则两人为拨开翳障，乃能得路。以雨不能竟，遂乘舆归。校长在樟脑室相候，其前一室，烧木炭，兼取药材六种。其制樟脑，不用樟木，但取樟叶为之，皆新法也。学长赠农学报告，皆西文。其森林学长，查视闽省林木，为图至详，其远谋所注也。

记工业学校所见

四日　阅工业学校卒业授文凭礼。因遍览工业图，应用化学，电气化学，色染机织，陶业机械，金工，木工，各室，而不暇详询。其职工徒弟学校，尤切吾国之用。盖取百工子弟，各教以工业，不课其文学，但令技艺改良。此用最广，其机织，亦吾国所必宜效法者。

赴盲喑学校

五日　赴盲喑学校，所观多西京已见之事。校长小西信八导客殷殷，与木下广次相似。闻其在盲喑学校，已廿馀年，喑生中有中国人。卷所画花卉赠余，已而校长遍取各生画相赠。其盲生能音乐，校长挈至其讲堂，弹筝歌唱。请余演说，后代诸生作答词。用铅板使盲生以机器刻入板上，别以纸印之，皆盲生所习隆起之字形。吾请其以日本字注其旁，词意颇善。又观盲生用新法按摩治人疾病，此西京所无者。

参观常盘小学校

六日　阅常盘小学校，文部所管学校已阅竟，此乃市立者。略观幼稚园，寻常小学，高等小学。此学体操场去教室太近，室中讲授，室外喧哗，殊为非宜。小学兵操甚整齐，旋赴女子美术学校，校长藤田文藏，校主佐藤志津，盖即其规则所列之佐藤静，医学博士佐藤进之夫人也。此学经费，佐藤志津独任其太半。舍监横井玉子等，领观绘画刻绣裁缝音乐各术，并聚诸生于讲堂，请余演说。冒雨归。

七日　赴大学校，观卒业给凭仪式，是日明治天皇，临幸大学，立于位。诸生进见，再鞠躬。校长位在左侧，诸生领凭于校长，退复位鞠躬，再退三步，然后转身还就其位。学校中有职事者，来观礼者各序立两旁，皆肃穆。此次卒业生尤贤者十三人，天皇皆赐予金表，此学校中大礼也。（观大学校毕业典礼）

九日　吾问花板垣维新以前学堂课本，据云四书五经史记汉书。吾国自八股盛行，无人能读史汉，鄙论尝谓六经四史不可废。近日议兴学者，亦绝不议及四史，盖所谓史学者记事迹而已，仆私心病之。今闻花板少佐此论，吾又爽然自失，恐吾所勤勤谋改革者，适得日本德川幕府时之旧迹也。（问维新以前课本）

十日　阅富士见小学校，东京所公立者。其房屋甚狭隘，闻名人多出此学中，则教法善也。午后至弘文书院，嘉纳为吾国来学生所立者。房宇尚未竣工，外部侍郎珍田舍已，学校师矢津昌永均来与坐。学徒虽未娴熟，然本国无此堂也。出过同文书院。（参观富士见小学校）

十一日　阅东京市立师范学校，此学附属小学。师范

参观东京市立师范学校

生徒年限四年，实则三年半卒业，以半年为小学教习。实试其师范之学，半年辄复易师，故小学每室必有一训导，久教不更易。又学校中管理经费出入者，乃大藏省所遣教员一人经手，此法最善。

参观东京第一中学校

十二日　阅东京第一中学校，校中诸生应考不能细观。观博物学，教习解剖虾蟆，及电学运机，分水中二气及分光为七色诸法。光细分之得十一色，又有所谓佛氏暗光线者。本日阴雨无日，吾所见者三四色而已。

参观东京女子师范学校

十三日　阅东京府女子师范学校，此本男子师范学校，以地狭移他处，改为女子师范学校中附小学校。高等学校其当级学科，不分年，自一年至四年生，皆一师教之。其师最难，然亦吾国所宜效也。女子师范生卒业前，亦以半年实验教习小学之事，与男子师范学校同。

参观东京女子职业学校

十四日　阅东京共立女子职业学校，此校乃私立，贫家女子不能入官立学校者，入此学中。学成各艺，所得之利，以半归学校，半与本生。其退学亦可自由，又可在家制成物事，交学校评骘高下，寄售得价。其课程以裁缝刺绣编物绘画剪彩作花数者为主，吾谓此吾国可推行者。

十七日　访伊泽修二，教育名家也，台湾兴学，伊泽之功。吾意中国创办，与台湾始教略同，伊泽允将台湾教育各书送我。

参观陆军幼年学校

十九日　阅陆军幼年学校，此校中央地方两等而合在一处。生徒业已放假，无可观者。出至成城学校，遍阅中国留学诸生，各以数语勉勖之。

廿日　阅仕官、炮兵、户山三学校，仕官见讲师授筑城学，见授德文。见击刺，用枪用刀，皆西法。见马操，炮兵操。见授理学，论炮围径大小，药力涨缩等。工兵画图，明土且崩，墙若干厚，能支不能支之理。见击刺，见体操，以手捋双绳，如秋千。又有攀高木，如盘杠者，皆绝技惊人。户山为初立之学，始以教老弁，今已改教初学。见体操，盘铁杠，先单杠后双杠。见军乐，乐有大清乐，歌有日本乐歌。见击刺。归寓。

参观仕官、炮兵、户山三学校

廿一日　阅近卫师团第四联队师团，按视兵士寝食处，阅体操击刺排队诸式，观讲师授兵卒军中应知诸学。

参观近卫师团

廿五日　赴巢鸭疯病院，院长吴秀三芳溪所函招也。室内列疯病人脑骨脑髓，及所作字画器物，历观各男女病人，有围棋者，有作音乐者，有怒骂狂走者，有歌唱者，有自称皇帝或高官者，有裁缝若无病者。芳溪索诗，为赋一绝云。

参观巢鸭精神病院

卅日　与小村俊三郎，携启儿赴古城贞吉之招。席在静养轩，主人八人，小村谓皆教育家，吾请各以一言相赠。古城贞吉劝勿废经史，百家之学，欧西诸国学堂。必以国学为中坚。坂上忠之介劝不必关怀教本与教育方略之良否，但先使子弟强学，取范日本卅年前。坂本嘉治马劝打破旧弊。岸田吟香亦劝扫除锢蔽，是第一著手。又言渠辈编译西法教育，欲裨益中国学事。小林弘贞言教育之要，在陶冶品性。杉原辨次郎言，如能同文通意，则于彼我文化，大有便易。名盐佐助无言，古城云，渠年少，不

晤八位教育家

能为君吐属。小村俊三郎云，变法必先变俗，变法属政事，变俗关教学，其大任在君身握要也。古城谓，移易风俗，圣贤犹难，五方交通学有长短，如废贵国之文学。则三千年之风俗，无复存者，人则悉死，政则悉败矣。是故英国有保守党，以制西人之轻浮狂简也。

访大隈伯

七月六日　访大隈伯，其人精爽，所论教育甚当。谓吾经史诗文之学，止宜用之大学专门，不宜用之普通教育。吾国书太繁多，当选定学堂教习之书，其学生查考之书则可自由。汉以后，学渐支离，当求复古，以周为主，始立学。所定不能尽善，后可随时改定，皆通识也。

参观印刷所

十五日　与岸田吟香往游筑地活版制造所，其铸字攒版印刷等事，皆与大阪朝日新闻报馆略同。局内附小学堂，学徒成绩，多可观者。

十八日　与服部宇之吉，约于文部官舍相见，遂定文部应讲事目。

访长尾槙太郎

廿二日　长尾槙太郎字雨田见过，谈教育事甚详明，谓日本初兴学，取诸州县贡进生，入大学预备科，使学西学。其后中小学校既备，而后贡进生之制度始废。今吾所欲推行者，即此贡进生之制也。

与高岛张辅谈教育

廿三日　高岛张辅来，高岛谓中国之教育，有益于心，西国教育，有益于身。不可舍己从人，当取长补短，所言甚扼要。问西国所长，我当取者皆何等，高岛言五事：一医，二兵，三理化，四矿学，五机械学。吾国士夫，知学此五者，可以自立矣。

廿六日　查阅日本银行，其总办山本君，谈事入理。据云日本初欲理财政，不知何法，伊藤博文至美国，始知有银行之事，归而仿办。各州立一官银行，用美法也。久之，此诸银行各恤其私，不能调剂公中缓急。于是遍考西国，以德国与白耳义（比利时）之法最善，取而则效之。今立中央银行，用德白二国法也，银行之法，德视美为善，美板而德活也。美国谨持章程，虽市面变换，银行不能变换。德国则银行随市面转移，所以为善。又言银行总办，宜用精于商贾之人，不宜用官，用官则情面多，最碍生理。国家银行政府主持，但政府常换人，银行当守定章办理，不可为政府所移易。

了解日本银行情况

廿八日　中岛锡胤来访，为言警务道路，皆难妥办。吾问何故，中岛云，此二事开办，其弊甚多，不易去也。吾问何以去之，答曰此难预言，有此人行之无弊，而彼有弊者，有此地无弊，而他处有弊者。吾谓见弊即改何如，答曰是也，但察弊之人，须明了耳。

廿九日　查视地质调查所，其地图分黄红青白色，以别矿产火山花岗石农田各质。其校长为余言，日本与中国古时连接无海。今日本地内得有象骨所变之石，象乃热带所产，隔海不能来也。今日本西至中国，海深仅百尺，其东则海深二万尺，足见西海先时为陆地也。又东海海草多种，西海则种类甚少，亦其一证。其图考，视石油深浅脉络，极精审。其测绘诸器，多购自欧美，有一器，人用手持器绘刻，而器于彼端又自绘刻，较手刻者缩小一倍或数

参观地质调查所

倍。其标本所列各石，及金银砂水精玛瑙琥珀等，又有鱼变石，树叶变石者。其分别土性，则为农业而设。专考地面一丈深以内，其察吾辽东半岛地质，著为书，列图明之。有瓶贮金州土之未化分者，及其化分，则分为八等。入化分室，见其土用暖水化为泥，而别以药水入之，转为黄水。继以他药入之，转为绿色，复以药水去绿色，仍还其旧。以此等药化分各性，其学绝深奥。又有药水分土中应缺何质，用何肥料补之，此西国农学之所以远过吾国也。下午至印刷局，其规制最闳敞，而机器不如大阪每日新闻社之新。其局有卫生官，其局长后至，颇殷殷。又局中七百人，时时防火厄，每用二分钟时，使七百人闻号声，一齐奔出，为避火避地震之态。既出，各依旗下，列阵不乱。其无事复入，各随旗序入，秩然不失行列。此次演习以示余，此法学之德国，吾谓凡学堂公所聚至千人，皆宜用此法也。

见防火灾演习

访前文部大臣滨尾新

八月二日　查视电报邮便局，合二事于一局，局长导观各室，其用人至千馀，人执一事，劳佚均平，井井不乱，是其难也。午后往访前文部大臣滨尾新，谈教育甚久，多切要语。其言处万国交通时，非一国之学所能独立，必兼各国之长，与之角胜，乃能与列强并立于世界。日本初时，屡战屡败，自知不敌欧美，人人欲取彼长以益己短。又见内国权利，浸为外人侵夺，不讲西学，不能收回，皆是事执流激使然。初开办时，学科甚少，而程度颇高。明治九年大学堂始有卒业生，其所学视欧美留学卒业回国者，不明上下。开办之始，今各藩遣人来学，大藩三人，中藩二人，小藩一人，如其额，当得七百人。其时来者甚少，各藩所遣，不过百馀人，谓之贡进生。所聘教师，皆外国人。始至，学习语言，能言然后受学。贡进生皆有根氐，成学甚易，今中国可仿办也。日本用外国教师时，多不如法，如医学用德国之书，而教师为法国人，又以英语讲授，自迂其途，中国宜改此弊。悬揣中国，先宜设立医科工科，二者皆实业，有速效，足使国人信向。吾两国本有文明，今所增者，西国之文明。本国原有之文明，皆精神上事，西国之文明，皆制度上事。以吾精神，用彼制度，是用彼之长而不为彼所用，不似波斯埃及，本无文教者比。今改西学其旧有之善者，自可留而不改，至普通国民教育，不可置为后图。欲与列强争长，但有专门学无益也。

三日　查阅东京区裁判所。

四日　查阅东京地方裁判所，此所多一预审厅，盖判事独问讼者，然后定其曲直，讯之公庭也。下午查阅麦酒株式会社，其造酒机器，大率取之德国。

五日　查阅控诉院大审院，大审院判事长谷川乔，持示办案一稿。自始至末，文牍视吾国尤多，惟不似吾案卷之重复耳。又言原办罪轻其后上控定罪，不能加重。如此案强盗杀人，原审定为无期徒刑，犯者不服，控至大审院。院中判犯者应入死罪，然以原定轻罪，不得改而从重，仍定为无期徒刑云云。如此则用法宽纵，侥幸者多

阅控诉院大审院档案

矣。大审院检事代理总长，为言改律之意甚详，仍约再见畅论，意甚殷殷也。

六日　访细田谦藏，与同过田中不二麿。途间车子倾跌，吾受伤，鼻出血，赴新地医家洗治。田中为论明治初年教育甚详，细田为记其语，迟日寄我。

参观慈惠病院

七日　晨查警视厅，其卫生学尤精要。午后往查慈惠病院，施医贫人之所。其国皇后，每年助银七千元，每年亲临一次，按视病者。

参观监狱

八日　晨往视监狱，狱内洁静，囚人衣赭。各治工业，所成之物，卖价归国库。其善者有赏，存候出狱时与之。幼年十六岁以下，立学堂教之。今卫生益精，在监千馀人，病者仅廿八人，其病院多空室。初入狱者，恐其有传染之疾，先令其在病院留羁五日。无病，然后入牢。牢中隙地皆种菜，囚所治也。在监重得过犯，别置一室，减其食，自七日以下。狱官导示毕，出视养育院。院分男女，其病者看护妇守视之。病重别置一室，天行疮毒肺疾等，又别置焉，甚者送入避病院。婴孩为谋乳食及牛乳。院内有幼稚园，保姆教之，如学堂也。下午与小村同访井上哲次郎，其言教育精神，在知实现理想之重要。理想在脑，能驱人使赴向上之域，有活泼之气。若自国家言之，宜取东西文明之粹，打为一块，以立理想。

访井上哲次郎谈教育

游警察署

九日　晨游日本桥区警察署，见其所用书记甚多，其俸则甚少，月自十五元至廿五元。此盖尚未善，在官之禄，不足自给其家，非法也。独吾国吏胥，全不给禄为更弊耳。下午至文部省听讲。

十日　至文部省听讲。

十一日　阅东京府，知事导观各室，又出观度量衡各器。午后文部省听讲。

十二日　阅区役所，所长导观各室。

十四日　午后，文部省听讲。

十五日　午后，文部省听讲。松村茂助，讲教育大意已竟。至学校卫生局，其课长医学博士三岛通良，略示卫生仪器。第一器为考查光度，其器为一圆形，中开方，每一大方，纵横五小方，前横一长镜，可低昂。开方器后有指南针，校准高下偏正，对光所入窗，即有日影射在开方器面。视光所占几分，即知得光几度。第二器为显微镜，用以考查空气中微生虫。第三器为一铜架，架上一横管，右有铜管下垂。别用一长形管，如蜡状，塞其下端，纳入下垂之铜管中。左有长形显微镜，列于横管之端，谓可考查室中光。应用若干蜡，如需用蜡十枚者，仅用九枚，则光力不足，于卫生有缺点也。第四器则考定学徒身长尺寸，制为几凳，高下远近长短，有一不合，则学徒受其病。至学徒坐法偏正，皆有绝大关系。至学校卫生局观仪器

十六日　午后，文部听讲。归与长尾槙太郎及章仲和吴止欺访副岛种臣，副岛甚款洽。其言学堂，谓初办勿求备，当易行。其谈锋甚快利，喜称吾旧史。

十七日　午后，文部听讲。其讲学校卫生者三岛通良，卫生之专家也。晚赴教育会学制研究会二社之招。其

教育会，全国教育家尽在，为日本最大之会，足以见其兴学之盛也。

十八日　午后，文部听讲学校管理法，讲者野田义夫也。

访山座圆次郎谈留学生事

十九日　访外务省政务局山座圆次郎，山座论及留学生事，告以私费生有益于国，望外部爱惜保护，以振敝国新机。山座谓分别官私，乃中国当道之见。日本无此意，日本往时游学米国，亦不分官私，亦好与本国公使为难。归而与当道亦不合，此各国所有，但要学成而国家真用耳。今日本待中国留学生加等，令其但学二年，便入大学。因本国学年太多，学级太高，系属一蔽，故特改良。本国学生前在米国只随米生一例，米不特为日本优待也。吾曰，此可极感。但闻日本大学校，近均用欧文，吾学生来学仅二年，于贵国语尚难学好，未能更学欧文，不能听讲，殊无可受益。山座云，此在学生自力，今来本国留学者，中国朝鲜印度。朝鲜政府，十馀月不寄学资，诸生日赴使馆寄食，自不能一心勤学。印度学生向学独锐，中国学生则心颇弛懈，贤于朝鲜，而不及印度也。吾问印度学生，英人送来乎，抑印度自来乎。山座云，印度虽属英国，其下略似封建，此其藩主自遣来学，亦有私费生。吾以中国骤难遍施国民教育，意拟先取年廿内外聪颖子弟，中国学已成者，为延西师，教之公学，分科略少何如。山座云，此策极善。本国初立学校，由各藩贡进生徒，谓之贡进生。今外部大臣小村男爵，其一也。各国初开教育，略皆如是。吾问前游文庙，中附博物馆，馆中有暹罗送来学校图，究竟暹罗教育今何如。山座云，暹罗国王最明，其子弟多送欧洲游学。有子八十馀人，身甚强健。其国民愚劣，不能开化。其国用专倚中国寄居人，中国无公使领事在彼，虽暴敛无如之何。近中国人立一会馆，延本国人为顾问官，稍有恃赖。其国民为下等，中国人为中等。彼皆不欲教育，其立学校，殆专为贵族设也。晚赴经济协会之招，问财政七事。

孙多钰谈美国中学校

廿日　孙多钰兄弟来访，孙曾在美国中学校肄业二年，据称所居学堂，乃华盛顿公家立者。内分四科：一格致，二文学，三商务，四工艺。格致分十一科：一德文法文，二历史，三地理，四算学，五普通物理学，六化学，七动物学，八植物学，九绘画，十音乐，十一体操。每人止学四种，每日止学五时。其文学科，不用德法文，易以拉丁希腊文，馀同格致科。其小学八年卒业，中学大学皆四年卒业。午前访加藤弘之，午后访外部长官珍田舍己。珍田询及留学生事，吾请其官私学生，皆一律待遇，珍田言有不能尽同者，如教员学生，皆有定数，私费生或有不能遽收之时。吾谓此等，自不能相强。但官生可入，私费生亦请收入。如同文弘文等学，专教敝国生徒，当无学舍不容，师生额满之弊。珍田言，自成城学校外，他学皆可入。但学生有与政府反对，或来历不明之人，非有本籍地方官文书，碍难收入。吾谓成城亦自可收，前时吾学生九名请入。参谋本部来函亦止言公使不保，碍难照收，并非

访外部长官珍田舍己

谈留学生事

学中有不收章程也。至学生与政府反对，实无其事。若欲明其来历，则近来学生会馆有干事，若五人保一人，决无他虑。且吾学生中私费，皆有馀之家，开化之士，岂有学归谋反者乎，此可请放心也。珍田又言，官私自是一律待遇，事势有难画一者，如学舍可容十人，自应先尽官生，后再收教私费生。吾谓此亦一定办法。我所以兢兢论此者，缘吾国财政支绌，官生不能多送，私费生不用国家资给，正当奖劝招徕。若一有沮滞，实于吾国维新有碍，所关甚巨。珍田然之，然观其意旨似不易辩明而信从也。

廿一日　午前访司法大臣清浦奎吾，清浦言日本维新之始，自开学校，不如遣学生游学欧美。学成归国，政府破格大用，甚赖其力。此已成之效，贵国亦宜仿办，其言最为切中。午后文部听讲。

法学士关皆治谈法学

廿二日　晨与孙多森阴庭，多焱履平，多钰章甫兄弟，同游高等商业学校。校虽初立数年未臻完备，然学者日多，规制日拓。其学首商业道德，略分私德公德，其公德尤我商家所少，午后文部听讲。晚与日户君同访太田，坐上遇法学士关皆治。吾问法学书何者最佳，答云法家门类甚多，书佳者亦甚多。今概言之，则大久保法学通论最善。吾问贵国近专用德国法律乎，答言亦兼英国，但英书无次序，然中有佳者，德所未有。吾问法人拿破仑所定法书，闻最善，信乎。答曰在当时最善，今则难用。吾问贵国前用吾法律，今尚兼采乎。答曰亲族一门，仍用中国法。吾问西法亦有与中法同者乎。曰多有，究竟熟善，答财产一门，中法最疏略，西法最分明。吾问何国最善，答曰，行政法德国最善，民法刑法英最善，外交法佛最善。

廿四日　早游东京府第一中学校，校长胜浦鞆雄留饭。为言教育，以中国字多难记为言。吾告以近有人作省笔字。胜浦大奇之，以为中国若果行此，普通教育进化必速也。吾谓日本中学功课多而时刻少，学徒无益，渠亦谓然。然亦无可如何，虽每七日止学一二时者，亦较胜不学。午后文部听讲。

廿五日　早阅大桥图书馆，始大桥佐平曾创立博文馆，又用资本金廿万元设博进社。明治卅三年，议开图书馆，出资金十万元，维持费二万五千元。甫经营而病死，其子曰新太郎，卒成其志。其阅览室，分男女。楼上可容百六十八人，楼下阅新闻报及新刊杂志书，可容百人。现藏和汉书三万册，西书二千馀册，内国杂志三千五百册，外国杂志五百册，计三万六千馀册。每日午前八时九时，至午后四时五时开馆。阅书者到门购求览卷，乃得入。一次金三钱，若购十次金廿四钱。求阅新报者，减半价。其所阅书于卷内注名，还过即盖馆中印章，出门时缴此卷。其查检书目，送书收书，皆极速，章程甚善。余以尚书及姚氏汉书平点，近著风土记三种，赠之。午后文部听讲。 参观大桥图书馆

廿六日　小病未出门，吾前抄东京府第一中学校第五年级日课表，恐其遗失，附记于此。

月曜	代数	史	三角	汉文	英语二	
火	英语二	理化	体操	博物	英语一	
水	英语三	修身	三角	史	国语	
木	汉文	理化	体操	地理	英语二	
金	英语二	史	国语	英语二	代数	
土	英语三	体操	理化	作文	几何	
	第一时	第二时	第三时	第四时	第五时	第六时

英语分三法教肄，故有一二三等字。第六时可为旷功补习之用。

同文书院日课表　第一班

月	英文	历史	国语读本	会话	英文	数学
火	历史	日本文	理化	会话	代数	
水	代数	作东文	理化	会话	英文	数学
木	历史	会话	代数	英文	地理	几何
金	数学	历史	理化	博物	英文	地理
土	几何	作文	英文	理化	图画	
	第一时	第二时	第三时	第四时	第五时	第六时

近又议改功课，大略与前相等，其体操每日卅分钟，不在此日课之内。

邢赞廷言算学日本语，此学堂中进步皆缓，算学暑假时，别从一师习之，一月中抵学堂五月之一倍半。学堂五月，仅习得半册，暑假学一月，已尽一册又半，其相悬如此。英语现亦不在学堂中学习，晚间别在正则英语学校中学之。学堂五阅月，仅习英语书二册。正则学校三月为一学期，期内能尽五册，亦迟速相悬甚远。

与青木少将谈兵制

廿七日　赴华族会馆，应躬行会之招，遇青木少将，问兵制。青木为言，通国十三师团，每团平时八九千人，临战时一万四五千人。一兵士，平时除衣食住房外，每月给一元半至二元，临战时加倍，每月给三元至四元。兵分一等兵二等兵，又有上等兵，故给饷不同。每年国家费兵饷约三千万，兵衣食费约每月十馀元。其后备预备兵，有事听调，无事不给饷。青木又言，中国留学生在成城学校者，每不受约束。陆军以号令严明为主，学堂之约束，即将来军中之号令，不能受约束便成无号令之军矣，意欲退出几人，以警其馀。余拟转告诸生警戒之。

廿八日　午前，体育会卒业，招往观艺。午后至文部听讲。

游上野博物馆

廿九日　晨与野田义夫往上野游览博物馆，其历史部，考求古时物事，及各国风俗，最足开诱民智。其矿物亦极富有，矿石中有象胫所变石，鲸鱼所变石，尤奇伟。出观动物园，鸟类多不知名，兽类有狮有象，又多储各国异产。午后文部听讲。

卅日　午后文部听讲。

九月一日　午后文部听讲。

二日　午后文部听讲。

访菊池文相

三日　访菊池文相，菊池为言，见各国历史，无不以造成为国办事之人为急务。中国兴学方针，当注意其国民教育，结成一国团体，亦不可缓。日本明治十年至廿年间，大学程度尚浅，于中国目前，最为合用。今日本在位办事诸人，多是此十年所造成者。救急应用，非研究学术之比，程度不必高，但要适于实用。医科工科，最宜先讲，其成效著明，能令人信从。法科亦要，国无法学，不能治也。中学校日本固未尽善，现今各国学校，皆以德国为师法。德之中学校亦尚未完美。中国可缓办中学校专重大学小学。各省不立大学校，可立专门学校。学徒卒业，即可出而办事，不必更入京师大学堂。京师大学堂，旁设一预备学堂，考取十二三岁之学生教之，使为入大学堂之阶梯。小学与大学不相接属，亦无妨碍。小学卒业，为农为商工，各任自由。大学由预备学校升入，若必欲与小学相接，则预备学校下，更设一预备学校，相续递升。俟学制渐备之后，再立中学校，最切实用。日本初办学校，亦止大学小学，缘中学校本为第三义也。菊池又言专门学校，宜令早出办事，年限以廿一为度，多则脑力为学所累。大学校专研究学术，稍久至廿四五不妨。

五日　午后文部听讲。

六日　午后文部听讲。自八月廿九日至此皆视学官野尻精一所讲。普通学校粗毕其专门学校大学校皆未讲，以时日迫促不能终讲。遂止于是。

函札笔谈第三

日户胜郎来书

过日得见先生，喜慰无量。教育制度之视察，宜缓缓精查。仆本日见敝邦文部大臣菊池关清国教育，有所谈论。菊池之意见曰，今也清国教育之制度，仿吾国明治初年以后，明治十五六年以前之施设为宜。方今之制度，在日本仍忧轻进，况于清国现状，其不适无论矣。清国教育下手之第一着，莫急于先起师范学校以造各省小学校（国民教育）之教员，养成教员者，是教育上最先最大之急务也。北京大学者，于名义虽曰大学，其实际教课，应采吾国中学校以上，高等学校以下之程度。其养成各地师范学校教员之专门科，则别立之。观各国教育历史，无论何国，其初皆自上级与下级相应而发达。渐为中间联络，于一方图小学校之普及，于一方起大学。从上下两端，渐

先起师范学校

及中学制度，是其常也，清国亦不能违此轨道云云。文相之意，方今之际，敝国虽乏干济之材力，然欲为清国送良教员，正在妙选未定。又不日期应阁下之质问，预有所审虑碎心，待面谈吐胸中之见，先生幸谅之。滞京数月之间，向后屡有互见之期，事若有不便，乞示知，仆当努力办也。

前山阳高等女学校校长望月兴三郎来书

尝闻俄国之侵入于东邦而略要地也，必先建兵舍与寺院。美国人种之始移住于彼土也，必先设寺院与学堂。此一事可以见二国之创国，趣旨不相同。是故俄国虽有席卷四海并吞八荒之势，其国础不固。苟一朝国威不振，则陈吴之徒，接踵而起，邦家有累卵之危矣。美国则不然，建国以来，虽仅百有馀年，人文开艺术进，国势日跻，而凌驾欧洲。既为其所畏敬，各国争求其欢心，可谓盛矣。方今贵国对世界列强之道，修兵御侮之事虽急，苟欲永持独立，期隆昌，莫若固国础。固国础之道，在于育英。育英之方法不一，大设学堂，虽谓良法，抑亦末也。欲获人才，须造良家庭，欲得良家庭，须造贤母，贤母养成之道，在教育女子而已。故曰国家百年之大计，在女子教育，无他，是教育之根本，而实巩固国础之法也。第一世奈破仑之以百战百胜之馀威，君临佛国也。深思国家百年之长策，一日问之某贵夫人，夫人对曰在造贤母，佛帝大悦，以为获我意。盖帝之母，即贤明妇人，能令其子成人

国础之道在于育英

国家百年大计在女子教育

杰之名。奈破仑曾语人曰，幼儿之命运，全关其母之智愚如何，可谓至言矣。夫人之教育，始于母之胎内，经家庭及学堂而达于社会，而其最受熏化时，为在胎内及家庭之间。实如奈破仑言，幼儿将来之命运，于此际定焉。为人母者之势力。不亦伟哉。亭亭凌云之树，当其萌芽，一旦蒙微伤，尚且不全其生，至与杂木无所择，在人亦然。幼时在母手之间，而不得其教育，宜乎骏儿不能伸其骥足，空伍驽马而已。他日入学堂，虽使贤哲执教鞭，而朽木不可雕，屈干不可直。若是而望人才，犹缘木而求鱼，教育之劳，不见寸功而止耳。反之贤母在家，子女受正教则。一旦入学堂之后，犹骏马走坦途，达千里之远，盖非难也。遍见古来之伟人杰士，其母不贤明者鲜矣。贤若孟母，而后有亚圣，无华盛顿之母，焉有开辟美国之伟功耶。女子教育之要，如斯明明也。世之顽冥者，以之为迂远，徒盛男学堂。以欲养成人才，而入学堂者，其心不纯，其知不明，屈干朽木，何以得为栋梁也。先生明敏，既看破此理，画贵国百年之长策，可不以女子之教育为急务也哉。

土屋弘来书

弘白吴君挚甫阁下，前月来视察敝邦普通教育制度，称其进步，且怪仅仅三十馀年，达今日之域。乌乎。见吾君之所怪，足以知吾君平生用意于教育之笃也。弟亦尝从事于普通教育，略知其梗概，请试言之。盖工业之所以速

教育以文字为利器

成，一在用器之利便，教育以文字为利器，文字之简易利便者，莫若五十音图。敝邦普通教育，以五十音图为先，五十音之为用。宇宙百般之事，无不可写者，而其为字仅五十，虽幼童可辄记之。以此施于初级教育，其进步之速曾何足怪。至教育中等以上人，则汉文欧语固不可不并用之。然是率皆中流以上之事，而人之位中流以上者，居百中之一。以教育百中之一之方，施之于九十九之众人，其教育之难速成。不亦宜乎。故以简易之器，导九十九之众人。令邑里闾巷，无不学之子弟，则众中未必无杰出之才，所谓凡民之俊秀者也。此辈进而服高等之学科，愈磨愈厉，他年成立，必有可观者矣。是今日普通教育所以为急务，而初级教育之所以不可不用简要器具也。今足下若欲速奏其效，宜先采用敝邦五十音图，况此本取于汉字，盍速用此至简至便之物。若夫所课中等以上汉文，则高雅典实，用之金石，垂之不朽，其美固可以冠世界万国矣。弟常云，人有长幼，有贫富，故文字亦当从长幼贫富课之，以达其用，乃在幼童及贫人，则主用五十音。至中流以上，则用象形文字，是自然之势，无足怪者。敝邦普通教育之所以才就绪者，无他，惟由于善用此器，调和适其度而已。君卓识超众，必有味于弟言。

日本体育会体操学校松井次郎兵卫来书

吾素一介之士，不及与闻天下之大计。然稍事儒学，尝见清国艰难，慨然有辅翼之志，而力不与志俦也。阁下之来我国也，吾每与校长高岛先生谈阁下重体育，心窃喜之，欣慕不能措也。今闻阁下之参观于吾校，乃弗自揆，欲陈其所见。抑体育者，教育之基础，富强之渊源，而天下之得失系焉。吾疏陋，安得辨于此哉，然皆是吾党分内之事，不得置诸度外也。熟察天下之形势，大制小，强并弱，竞争激烈日甚一日，是即进化之明路，而生存之天则而已。今也东洋之常压伏于西洋，而无能与之抗衡者，是在国之大小耶，则西洋未必大于东洋。抑在人民之多寡耶，则东洋未必寡于西洋。而悬隔如此，洵可谓东洋之一大患矣。而我国则与清韩相接，恰如鼎足，不可缺其一也。缺其一，则虽欲不倾颓，不可得也。然则如何而可，曰，三国一致，各养其国力。养国力，则在养元气，养元气之法，则莫善于劝课体操矣。夫身体者，精神之所宿也。古人曰，活泼精神，宿于强健之身体。身体既健，精神既旺，则文教可以兴，武备可以精，殖产兴产可以隆盛焉。果然，则富国强兵之策，全存于兹，况如中国之土广而民众乎。且吾闻之，中国自古其政则文武之法，其教则孔孟之道。而国人至今墨守之不复顾天下之大势，徒拘虚文，泥古法，故元气消耗，亦不足怪而已矣。盖吾曩尊信孔孟之道，而及入军队，而练身体也。心身调和，私慾自窒。进取之气象，磅礴于躯体，处艰难而不挠，临事变而不惑。能得以敏捷判断，而为活泼之动作，于是有所大悟。以谓完全教育精神之修养，与身体之训练，不可相离矣。今中国苟使国人知富强之所资源，而说体育之必要，

劝课体操之重要性

徐立方法，孜孜经营而不已，则何微弱之足患焉。而向所谓古法者，变而为有用，虚文者，化而为文明。天下靡然向风，是犹大旱之得雨，岂非天命之所归耶。然则凌欧驾米，以为东洋之一强国，是吾所信而不疑也。阁下如赐览观，得以补阁下之所须万一。幸甚幸甚，恐惧再拜。

西七月分熊本九洲日日新闻（译文）

中国革新之道

清国今日之革新，非一局一部之修补，当由其根柢基础，以希改进，譬病既入膏肓，终非外科手术之所能愈也。今兹吴先生为教育视察之事，来游我国，清国之当道着眼百年之大势，良可庆。虽然，先生之视察，置重于何等方面，诱引欢迎先生之诸人，将如何以赞助之，此吾辈不得不少有所说也。方今我国之教育，各部机关，整顿甚具，无少间然。先生有志振兴教育，必就制度机关，详察周到而可也。虽然吾辈更望先生进而详察转运制度机关，无形之人心，何则。我国方今之教育，其源全在采取欧米之制度，以致今日之美备。而其所以不唯模仿，兼能熔而化之者，则究由消化之力之强也。若消化之力犹弱，譬之胃脏失力，无论如何滋养良物，终不能容纳，以收其效。然则熔化欧米之制度，关于我国无形之人心，先生不可不察也。且清国非无学者，无人物也，非无学问无实际有用之学问也。清国之忧在文弱，曾为故井上文相之所喝破。先生若仅观高远之学问，着眼大学，及其他高等教育之机关，吾辈窃虑其视察之方针，或失其当。积理义之研究，探深奥之哲学，于支那之学术，宁患其多。唯其不足者，则利用厚生之道，质而言之，所短者在实学也。方今物质文物之进步，滔滔然由生存竞争之方面，以扩张其势力。尚欲以地水火风之四大，抗六十馀原质之分析，虽欲不衰微，不可得者，此清国学术之所最短也。是以先生由观大学而观小学，由观文学美术之学校，而观商业工艺之学校。由哲学宗教之方面，进而观察理化格致之方面，此为必要者。质而言之，以置重实用之教育，为调查之方法手段而可也。清国千年来虚灵之学，既不胜其文弱之弊，将来可采用者，岂不在实用之学问乎。然观我国三十年来之进步，物质之文明，先由欧米注入。而国民固有之粹美，与质健之精神，能活用之以致今日之发达。此中关系，最足为清人研究之价值者也。何则，偏陷物质之进步，犹恐不能完全美备。于清国之学问，物质之部分，最其所缺陷也。然人心不振，徒知求此至切之学术，其果能为完全社会，以发达人心，而期进步，此犹不能无疑也。是以先生观察教育制度机关之完备，更详审我邦无形人心之何以完固，以与物质教育采用实施之资料，两两相须而无少过焉。此吾辈之所望于先生，与其引导之诸人者也。

中国所短者在实学

勿偏陷物质之进步

西七月分东京二六新报

木村生译文

教育者，作一国之精神者，国家之真际，实由教育以得而存焉者也，是以古来有为之为政者，皆莫不重之。于

教育之重要性

清国教育在最重位置之吴先生，此次来视察日本之教育，我邦岂可不欢迎先生，以为荣乎。

先生之来我邦，视察其教育也，其意必参考之，以有所取。闻先生前日，与帝国大学总长山川氏相会之时。山川氏劝先生曰，贵国宜先仿我邦维新之当时循序奖励医学，以为开发国民之方法。其言虽亦一理，然在清国方今之情状，不必以奖励医学为开发之第一义也。何则，我邦昔时医者，多暇日，又知文字，其中先觉数人，就西医有所学，随之得外国语。由外国语得外国情事，以至西人之文明，输入吾国，非医学之物，为我国之开发也。医学虽为开发之先导，实偶然之事耳。吾徒固知贵国今日状态，西人之医术为必要，其可以增进生人之幸福，固所深信不疑者。虽然，医学者，仅一科之学，又为艺术之事，不可不知也。且我邦为医师者，为日本开发之始，原非唯医学之事。此等人物，皆开发之先觉者，能通政治经济之事理，而兼擅医术，实则有医术以外之学，始得成日本开发之事也。且医学者，不过一科之学，又为个人之事，其中不存国家之观念，未足以为贵国全体开发完备之方法也。且夫中央之主权，不巩固严立，威令不行，学术之进步不可期，开明亦必不易。又若仅致力于学术之进步，国家之威权不立，个人之智识，虽如何发达。于清国国家，不能赖以富强，反为其政治之患耳。我邦维新之时，一方当开发之气运，一方极意兴起国家之观念，民心统一，王权扩张。一方致力开发进步，又于他方专务统一国民，以故得

奖励医学

俨然现出进步之日本国家与国民也。意贵邦虽守尧舜孔孟之道义，国家之观念，殆若甚薄。贵邦之人民虽智巧，皆出于个人之为，而以国家为务之智识，则若甚少者，此贵邦之所最短也。我邦维新事业之成功，实在人民强于国家之观念，以深敬王权之念为基础，由中央主权，得导日本之开明。先生若望贵国之大开明学问艺术虽非不至要，而此区区者，宁可置为后图，先致力养成国家之观念而可也。古来支那人（自注：余不曰清人，不曰元人，亦不曰明人。）于世界之舞台，所成事业，如何伟大，试回顾之，以振兴贵邦人飞跃之志，信非难事也。要之以民心之兴起，与其统一，与中央主权之强固，在此数者为目的，以教育其人民耳。编辑学校及学校以外可读种种之书籍，盛养国家观念，及国民统一之思想，以为贵邦之急务，次之始可言诸科之学术也。若教育不主于国家观念，其尽力教育，必支离灭裂而已。先生观察我邦之教育，非求其皮相而溯其真源也。幸取我邦之所可取者取之，敢呈芜言。

教育应主于国家观念

西七月分东京日本新闻

方今学制改革之议，于我国之现制，亦非可许。然自清国观之犹叹美我之现制，以比较论之，则今之现制，犹为较胜一筹也。然彼若直仿我现制以立教育，则大不可。何则，颁布一律学制，固不易言，若小学校，中学校，各种专门学校，大学院等之设立，固非无筹办之资，无奈无输出之机关。府县郡市町村等自治之团体，固非一朝所可设立，又此等团体，非独施行教育制度所当设立者也。吾以为北京大学，固官学之制，当先为官吏之养成所，以其卒业生，代科举出身之进士。科举之制度，可以全废，于全废以前，当使大学多得卒业生，此事立教育之制度，殆第一之急务也。速成之学术技艺，我国虽已不用，而在清国，最为切要者。入新学之生徒，取熟于支那旧来之学问者，使入大学校五年若七年，以代殿试。学科以政治经济法律等为善，若理科若工科，终非可速成者。教师不用本国人一用外国人，外国语习之七年，大率可以习熟，而以此卒业生为官吏，以为改革之端绪。立全国一律之学制，施小中大学完全一贯之教育，期之十年之后可也。

科举之制可以全废

井上哲次郎笔谈

问：久欲来亲大教，今日幸获所愿，至为荣宠。

答：不敢当，不敢当，贵国今日之急务，以教育为第一。教育者，不应时势，则无其效。孔子之教大好，然今日则见其未备，先生以为如何。

问：来此为欲瞻仰贵国教育，所见皆是外著之制度，已足敬佩。尚欲得公等诲示，一问贵国教育之精神。

调和东西洋之思想

答：敝邦教育，以融合调和东西洋之思想为目的。自然科学，莫如西洋，然唯取自然科学，而无精神以率之，则将不堪其弊。故以我精神运用之，此我教育所由而立也。贵国亦要先讲西洋自然科学，然无所谓哲学者，则教育之精神难立也。教育精神，毕竟在伦理，今日之伦理，非打东西之粹而为一治，不可，我邦学者所努力在此。

问：久闻执事精研哲学伦理学，愿闻要领。

答：哲学伦理学之事，最要絮说，不能简短述之也。然贵国古来之伦理虽大好，而在今日则有可补之者，是弟等所欲言也。

问：请言今日当补之事。

答：试举其二三，曰崇人格之观念，曰重个人之权利，曰自由平等之精神，曰知实现理想之要。其他不遑屈指，今如理想，殊重要者也。

问：愿问理想之重要。 理想之重要

答：理想一也，而有个人之理想，有国家之理想。个人之理想，则伦理之本源也。国家之理想，则国家隆盛之原因也。理想者非取模范于过去，而期将来者也，欲驾过去一切文明而上之者也，非尚古之意也，逐新而进之意也。

问：逐新仍兼尚古乎，抑去古就新乎。 去古就新

答：去古就新之意也，然非慢古，又非弃古，驾古而上，故不畏古也。如印度专尚古，欲一效古，故遂不能如古。古今时势已异，以今作古，是所不可能也。印度文明，进寸退尺，良有以也。

问：君视敝国古时文明，与印度何若，今时尚有当用者乎，抑不可复用乎。

答：贵国古代文明，与印度同不可弃，是所以要研究也，弟亦欲研究之也。然使今日之国家及文物如古代，则 古代文明不可弃

断所不敢取也。理想者，所描出于脑中之念也，优于现在之情势者也。吾人人类，皆不完全者也，故欲进修以近于完全之域，是则理想也。国家亦非完全者，故欲今之国家之完全，是则理想也。理想不过脑中之念，而有动人之势力者也。多知古今之人物，而后拔其粹，打为一冶。以为己之模范，欲使变而为己，是则理想之谓。多知东西诸国之国家。而后拔其粹以大成之，是国家之理想也。故实现理想，则必有进步，又有活气，古代文明固不足畏也。

问：脑中之念，若何而能动人。多知易，拔粹难，实现理想似亦尚易，有进步有活气难，如何而可。

答：吾人人类要实现理想，以就进修之途者也。进修而达向上之域，则有所满足也，是应理性之要求故也。物质无精神，如死然。唯理想者，驱人而赴向上之域，是故有活气也，若人之生命、而无理想，则如水之滞而腐败，无活气故也。若有理想，则人生有目的，有当行之道，于是乎不能无活气也。譬犹水自岩石之间迸出，流而清洌也。理想者，人之至善者也，国家之至善者也。今使人至善，使国家至善，安可以无活气乎，理想优于过去者此也。

问：理想似知上事，赴向上之域，则是行上事，今敝国欲赴向上之域当奈何。

答：国家离人则无有，人人相集成国家，故国家进步之本在人，即在使各自实现理想，是实教育精神所存也。若自国家而言之，打破从来尚古之风，而取东西文明之

取东西文明之粹

粹，打为一冶以立理想，则国家经营之方针，始可成耳。理想必动人者也，不动人不足以为理想也。理想者，向上之域也，招人使来，人不应则废然而返，是失理想故也。已有理想，则感激奋起不能已者也。然描出理想，必要学问经验也。

问：学问经验当奈何。

答：谓精神上之学问及教育也，如哲学伦理学心理学等，亦应大攻究也。

问：使国人各自实现理想，此是教育已成之效验，应如何下手。乃能成此教育，亦应有方法。

答：自小学至大学，设伦理修身之科，改造将来之国民，则数十年其效必大显。

问：敬闻命矣。

答：敝邦之学问，以医学兵学为起点。然及精神上之学问大起，社会之情态，俄然变动至成一泻千里之势。

问：精神上学问大起，当在何时。

答：明治十五六年之顷，进化论始入我邦，而精神上之问题始起，同时基督教传来，博爱平等之说亦行。因讲究哲学，虽此后尚有世运之变，本于精神上之议论者为多。

问：大教多有深趣，获益匪浅，谈纸欲尽携去。

西京儒员林正躬笔谈

明治初年开办教育之法

问：教育之事，仆所求者贵国明治初年开办之法，我公身亲其事，正下走所侧席求教者也。何幸枉临，喜极。

答：幸赐宽假，不胜欣抃。仆于西京一部维新之学政，知其概略，敢吐露其衷情。明治维新之始，以诏敕使府县设立学校。京都府知事槙村氏，热心谋之，其方法分市街为六十学区。一区设一小学，其校舍有新筑者，亦有假旧庐为之者。佣家塾及村塾之师，以为小学教师，至郡村山邑亦然，故京都府为日本小学之嚆矢。寻立女学校师范校，养成教师，分遣各校。

问：其初办时，市村六十学区，同时并举乎。

答：市村胥吏，闻谕有即兴办者，有怠而不即从事者，屡召唤纠问之。其首举者赏之誉之，他之怠者，亦遂设立。从明治四年着手，至十年，山村海陬略遍。

问：此似责成市村自立，其经费亦为筹措否。

市村办学之经费

答：经费市村自办，市吏课税于每户，与正税营业税学校税，并征收之。

问：贵国民间，亦不甚富，其不能出税者奈何。

答：设立之际，需用巨费，故使其学区内豪商富绅，特募寄附金。而征每户之法，有大小之别。且有学儿之家特征之。

问：学儿每名尚自出修金否。

答：皆自出修学料，而不过二三十钱（案：十钱当洋银一角）。

问：修学料盖是笔墨书籍纸石板等，至于教师之俸，学生亦自出否。

答：修学料即教师之俸。至笔墨书册，则各自买之，贫者学校吏员或给之。

教师之俸

问：教师之俸，每月二三十钱，不太少乎。

答：一校之生徒，多是八九百名，或六七百名，故集成巨额。尚不足，则以校费补之。

问：八九百名六七百名，则学堂建筑之功甚费，其学区亦在西京城内，人烟稠密之处，乃有许多学童。若在乡市野村，则学童至数百名，必远招数里数十里之家，乃能集合。此学童皆幼年，岂尽在学堂寄宿乎。

小学寄宿舍之设置

答：市街一学区，大率千户，皆稠密，甚便。至僻邑山间，则校舍皆狭小，故大村设数校，以便于就学。小学皆无寄宿舍，近日一二校有设寄宿舍，小童有远隔数十里而来学者。

问：近时学制大备，办理自易。在明治初年，学童寄宿，或干事不能经管，或房屋不能适宜。当有种种困难之处，如何营办。

答：吾邦学生，皆能守教师监督之命。明治初年生徒，转不似今日之粗暴。

问：明治初年学堂课程如何，恐其时教师知西学者尚少，如何立课。

明治初以英书和译本为教科书

答：明治初年学课屡变改不定，然太要读书算数地理历史物理伦理之六科。教师知西学者实鲜，然以英书和译为教科书。

问：明治初年，西京已立大学堂否。

答：否，立大学在于明治二十年后。

问：中学校何时立。

答：明治九年始立之。

问：今我国无中小学，京师已拟建大学堂涉于躐等。下走拟将敝国学徒，年在二十内外者考其汉学粗成，招令入学西学，如此可否。

少年不宜直入西学

答：尊意所在即可也，少年不知本邦之事体者，直从事于西学，往往误其方向。

问：学徒年在二十内外，汉学粗成，令研西学其课程似宜以中学校为主，而初办欲求简易如何定法。

中学课程中之西学

答：中学课程先以读本（称西洋读本者有数种），择其善良者授之，如物理化学，则以译书授之。如方言，则聘西人为师。

问：聘西师是一定办法，敝国外省立学，则尚不能尽用西人。贵国所称西洋读本，其书几种，请开示。

答：明治初年，多用巴礼氏读本，近时用那志与那氏读本，及斯边左氏（案：即斯宾塞）读本等。仆未详西学，故忘其名。

问：贵国中小学校所定课程，与欧米异同如何。

答：无大差，但就适于本邦者变更之，采长舍短。

长尾槙太郎笔谈

问：此来欲取法贵国，设立西学，其课程过多，若益以汉文，则幼童无此脑力，若暂去汉文，则吾国国学，岂可废弃。兼习不能，偏弃不可，束手无策，公何以救之。

答：小子前年承乏文部，今教授于高等师范学校，教育制度课程，非偶无鄙见。然今时当路，皆知西学之为急，而汉学则殆不省。盖学徒脑力有限，姑择其急者耳。然其弊则至忘己审彼，为国家百年计，不能无疑。今贵国设西学，欲汉洋两学兼修，患课程之繁。小中学高等学校（大学预备校）课程，半汉文，半西学。而晋入大学，则专修其专门学，则庶乎免偏弃之忧。小子虽不敏，若或有所便于寻求，犬马奔命，所不辞也。

各级学校的西学

问：课程中半西半，仆以为甚难合并，西学不求能记诵，止是讲授而已。汉学则非倍诵温习，不能牢记。不牢记，则读如未读。今若使学徒倍诵温习，则一师不过能教五六学生。势不能如西学之一堂，六七十人，同班共受一学，此其难合并者，一也。西学门类已多，再加汉学，无此脑力，二也。至大学，则汉文仅止专门，专门则习之者少，其不亡如线。此求两全，必将两失，奈何奈何。至执事允为寻求一切，感荷感荷。

答：学校之难设，非大中小皆具备，则难得完备。然新建制度，不可遽望完备，以渐就绪，为得其宜。敝邦初建大学，命州县征贡进生，贡进生者，谓各州所贡进也。贡进生大抵成年以上已在其乡修得国学（敝邦旧时国学多为汉学），及游京入大学预备门修西学。而后入大学就专门，以俟中小学校生徒之卒业而出，既得中小学校卒业生，而此制废。凡新设法，过急则败，要在使人东西更面

贡进生之学业

而不自知也。贵国大学堂，先选举人以上之人材而就学，待中小学之备，而徐制学则学课，于其统系联络，盖得一贯乎。

问：贵国贡进生入大学预备门，其所学课程如何，公能言其大略乎。敝国今日颇仿此制。

答：重当拜候。

问：急盼见示教育沿革。

研经会笔谈

高等学校之组织

问：高等学校组织如何。

答：大要分三部：一部为法科文科；二部为工科；三部为医科。三年课毕入大学，以国语汉文为基，兼修英独佛三国语。如工科医科别有实习。

问：人有言学西国语言甚费脑力，必数年乃成。成矣尚非真学，必别学一专门之学，乃为本领，故此事甚难。若不学外国语言，得已翻之译书，或用西师讲授，使人通译，以告学者。较易从事公以为何如。

如何学西国语言

答：吾国维新前，幕府开蕃书调查所者，使专门之士译之以弘布。维新后十年间，亦如是，至十年以后，西学大盛，遂至如今日。今则以西人为教官，使学生学之，然语原元殊领会甚苦，其费脑力非少。如下走以高见为当，然时势无奈之何。

问：贵国前辈，似皆以汉学为根柢，后进之士，则吐弃汉学，一奉西文。究竟人才，后进与前辈风气孰胜。

答：吾国前辈之奉西学者，以汉文为根柢，加之以西学，是以多有为之士，较人物古胜今劣。仆不知西学，然在工技之学，不可不资于西学。正德利用与厚生，学问之要，三言备之。东洋道德，西洋工技，合之始成。贤者当合并东西，陶熔一治。

合东洋道德西洋工技

问：正德利用厚生，实括东西学之大成。贵国维新以后，德育智育体育，三事并重。近来智育体育，皆著成效，德育今与古孰若。

答：吾国古有武士道者，加以贵邦圣贤经传，大有可观。今西学传来，混入西学分子，德育一贯，甚为难事。贵邦亦恐不能免。

西学传入重德育成为难事

问：如何而后使德育之说，不至徒托空言。

答：大问不敢当，然以鲰生见之，道德莫尚大圣孔子。天定之日，必风靡东西矣，此后进之所当勉也。敝邦明治七八年之交，西说盛行，至妇女子亦唱民主说，幸得回狂澜于未倒。盖欲取人之长，则其短亦不可不防。是必至之势也，唯有力而后取舍无失，切望慎之。

欲取人之长则其短不可不防

高木政胜笔谈

问：执事精于法学，曾研究敝国律书否。

答：仆尝学佛国法律而已，馀则日本法律。

问：贵国新政之法律，与佛国殆亦略同。

答：敝国法律，取基础于独逸，且参酌各国法律。故至异同之点，非就法文不能辨也。

问：贵国未改之法，似多取之敝国。

答：敝国有新律纲领，改定律例。此等法律，模仿贵国。

问：改定法律，何人主笔。其创议删改各条，今有元议书稿可考否。

答：新律纲领，故江藤新平为司法大臣时所创设，明治三四年顷也。改定律例 故大木乔任为司法大臣时所作也。然至其元议书，未见。

问：君视已改之律，与未改时法律，利弊何如，能示其涯略否。

答：未改之律，与已改之律，要有从严趣宽之差耳。

问：繁简何如。

答：一废拷问，二废笞杖，三废斩首，此外尚有他。

问：东亚俗习，与欧美不同，其禁令亦自有异。所效西人，能悉合于国俗乎。

答：不合国俗者不取也，唯其所取者，条理之一层耳。故至人事法律，敝国不模他国也。

问：贵国法律书若干卷，外国人可购买否。

日本法律要者有五

答：敝国有数多法律，先举其要者为五：一宪法、二刑法、三刑事诉讼法、四民法、五民事诉讼法。

问：诉讼何以分民事刑事。

刑法与民法之别

答：刑法公法也，护国家安宁秩序。民法私法也，护私人财产权利。

问：此亦西国制度乎。

答：然也。然此区别，有自然之理存焉。

问：仆以为用刑之事，护国者少，护人身者多。

答：如贵教。然就人身言之，有公害，有私害，是以或护人身之事，而护国之事多矣。

问：今日外交事繁，既有护国之法，亦兼采万国公法条件否。

答：国际之法律，专从万国法律。然鄙见万国国际法律，唯行于平和，而不行于乱时，至是殆不足恃也，悲夫。 国际法行于平和而不行于乱

问：用法无论宽严，以平为主。今自优胜劣败之说兴，以强为主，不复论是非。吾以为列强争竞霸术，生民之福，不知伊于胡底，有王者起，其将一反于平乎。

答：西欧人以利为先，虽有法律，唯思互相吞噬耳。贵国与敝国朝鲜，此乃有仁义之教。愚以为三国不同盟以制西欧之强慾，则生民无免其祸之时。 西欧人虽有法唯思互相吞并

问：三国同盟善矣。三国之自为交际，尤以不诈虞，不相欺陵以图私利。其交乃固，然后外侮可共御也。鄙意以为东亚三国，强不侵弱，此不贪彼国之利权，乃能彼此同心。

答：欲使三国同心，则莫如起德教欲兴德教，则莫如兴佛教。仆学佛于此十馀年矣，深幸佛教，故偶涉及宗教赘语，幸恕焉。 兴佛教为三国同心之道

问：德教之事，儒佛一也。无如立国者不信何，皆口称盟好，心则欲剜人之肉，以补己身。同盟之国，有不寒

心者乎。君以法家学佛，近于东餐西宿矣。能以佛法起化贵国，使皆为佛土，亦邻国所深愿也。

答：仆不德，不敢当也。虽然弘教之事，常以一身殆供牺牲以当之。

问：此志即能兴教。

早川新次笔谈

问：鄙意敝国始立学堂，尚无中小学根基，不得称为大学。贵国教育国民之说，敝国现尚未能处处立学，亦难普及。今但取二十馀十馀岁人，中国学问已成者，使之入学。此等人智识粗具，于贵国小学所用教科，有不必赘告者。大概以中学校为主，而增益本国之所无，则智育其要端也。故欲以理化矿农工各学为先，此诸学有必须专门教习者，由执事察核代聘。

答：先生意见，小生所赞同也。独是于学堂所养成之人物，出学之后，于何方面，可致用乎。

问：此一最要问题，论学生出路，必应敝国先改官制，然后学校人才，皆以所学为用。今官制未改，徒以举人进士空名，不足羁绊英才。惟吾国物重地大，新学既开，决不中止。则各处开设学堂最多，学生卒业，可到处为师，以广教育，即目前出路也。将来国家，亦必改制用人，但患无学耳，有学不患无用处也。

失名氏笔谈

问：教育事尚未查清，君以为宜如何访问。

答：仆窃惟将敝邦教育之现态，欲直施行于贵国，抑难矣。物有顺序，国情不同，先生之深虑，必已知之。故窃惟贵国教育改革之事，可以渐不可以急，急则反坏，尊意如何。

中国教育改革宜渐不可急

问：尊论极是，但事势已迫，不宜迟误，奈何。

答：如张弦，急则绝。但定大体之方针，渐次趋之耳。教育之事，永远之大业，所宜深考也。

望月兴三郎笔谈

问：台端劝兴女学，闻贵国十年前，女学尚未大行。后用何法鼓励，遂有今日之盛，望示知。

答：愚按，欲策女子教育之良法，须参照者有三：一过去历史，今日之教育，不可不与已往女子之教育连络一贯。二现在状态，今日之教育，要基于女子之现状，鉴男子之程度，且照于文明诸邦之女子教育法。三未来之进步，当预想国家将来之进步，并世界文明之趋势而立案。此外更有一事，则国家之观念，即爱国心之涵养是也。盖女子最富爱情，而其爱也，仅止于一身一家，而未有及国家者。以其暗于历史，且不识列国对峙之形势，故欲使女子养爱国之心，不可不待于教育之力也。受教育富爱国心之女子，他日为人母，于其膝下抚育之子女，受其感化，其爱国必矣。天下养爱国之美，有过于家庭者哉。是故于女子教育，涵养国家观念之方针，甚属重要之事也。

策女子教育之良法

问：贵国女学未惬心者何事。

答：小生以为西学所最重者，在其精神。然方今流弊，偏重物质，是其所大遗憾也。

经济答问

西九月廿六日经济杂志
法学博士田口卯吉译文

清国吴先生，本月二十日临经济学协会之例会，问会员以六事。计会员诸君，当各以所见奉答。余则有请从隗始之意焉。

第一问大旨：谓清国之货币，制度未善，然一旦改之，恐市面不安（即恐抬市价之变乱也）。故问日本国以金货为本位之初时，何以朝野相安，毫无阻碍之故。对，以上所问余以为于日本国，实行金货为本位之初时，必非能免市面不安，无市价变乱之事也。何则，当时数年间，物价固非常腾贵也。然此腾贵之原因：一因金货百元之市价，当银货一百九十一二元，定以二百元为本位；一因其后日本银行，大增兑发券之故。若无此二者，改正货币制度，不至致市面之不安也。今于清国所称为本位者为两，而无可以代表之货币。新铸造之银货，其量与墨西哥银同，号之为元。是与我政府改两为元正同，仅变更其本位之名称而已，不至变乱市价。盖先生之所可目睹也。假使清国政府，此际新铸一两之金货，以之为本位，而通用于市间。此金货精密为之，使有银货一两之价值，则市价不为动摇。犹发行一元之银货同耳。要之市价动摇，即所谓市面不安云者，因本位货币，含有之纯分，变更而生。苟于此不变更之，仅变更其名称，曰两曰元者，或变更其金质，或用金，或用银，其为效一焉而已，不至有所差异也。以余所闻清国于巨额买卖，皆以银块交易，是无本位之货币也。余以为清国政府之主意，果欲以一元银货为本位，宜速铸造之。而改去银块交易之法，此当今之急务也。而先生下问之本旨，似欲采用金货为本位之制，余敢断以为非其时机也。

第二问大旨：谓日本以国币（即兑换券）发行之权，交与日本银行。在清国则不易交与商人。然银行固不可不设（盖即中央银行之意）。应学日本用银行，财权归商之起点，应如何办理。余以为日本政府，以发行兑换券之权利交与日本银行，此鉴英佛独伯（盖谓伯剌西尔即巴西也）等之制度，所谓便利主义也。若清国以为不便，政府自发行之，亦无不可。现北米合众国，以大藏省发行纸币。清国政府，亦可学之。然于政府发行纸币，往往滥发，致成不换纸币之虞。故募股东于民间，设立银行，交与兑换券发行之权利，为完善之方法。各国行之，皆基于所实验也。余愿清国亦取鉴于是，设立银行。唯总裁副总裁任免之法，政府可审其国情，设适当之规则。如独逸政府 以中央银行总裁列于内阁员，非必以财权归之商人也。

第三问大旨：以纸币代用金银，于清国不能无弊，商民因而受累，如何民间始可信用。盖先生稔闻从来纸币发行之弊害，而为此言，夫当纸币新发行之时，及纸币增发之时，其价格下落，经济社会发大扰乱，不独清国为然。欧米诸国亦有之，日本亦有之。然是不换纸币之弊也，于兑换纸币不甚见此弊。何则，若增发之时，其价格下落，则可收回银行，减缩其流通之数也。此制度于国家有非常之利益，请略述其事情。日本银行，兑换券流通之数方今一亿八千四百万元，其八千四百万元，保存为正货准备其馀一亿元，保存为保证准备。此保证准备由公债证书商标等而成，有六朱之利。一年生利六百万元。若于日本，仅以正货为媒介，交易之时，决不能生如此巨利。故兑换制度，不用无用之正货，以片纸代之，买入公债证书商票，其价甚廉，其利则甚大也。今试就清国论之，清国之人口，九倍日本，其富五倍日本，若行兑换制度，纸币流通之数，至少当五倍日本，约有六亿五千万两之兑换券常流行于市间。以其半之三亿两，为正货准备以其馀三亿五千万两，为保证准备而借用之，是清国政府坐得无债之利息也。此固非一朝能达如此巨额之高度，然不久达此隆运。固无可疑其裨益财政，不烦喋喋也。

第四问大旨：日本虽以金货为本位，而实际通用之货币，则银币也。金货本位之实何在，且日本银行之兑换券，亦得通用于外国否。日本现时流通之银货补助货也。补助货者，无其实价，而补助本位之金货者也。譬如纸币其实质并无价格，然以与金币交换，是为价格。故五十钱银货一枚，与五十钱价值之银块称之银货之价格，较贵甚明。此非银货之价格，而为本位金货之价格故也。且日本银行之兑换券以为金货交换之证券，渐至外国，亦且通行。闻高丽及清国诸港，其受授皆无差异。然即英佛等中央银行之兑换券，亦多不通行外国者。日本之兑换券，亦多不能流通者。此与外国金银货币，不能通用于清国内地，同一理也。

第五问大旨：国库出入不相偿之际，当如何营办。此点不独清国为然，正日本之所苦也。虽欧洲诸国，亦常苦之。救之之术无他，唯省冗费耳。然熟察清国之现状，民苦苛税而国库所入甚少，是征税之方法未整，而吏员行奸，不能督之也。余以为清国各省，起民会使人民之代议士，得发表其志意，必有制吏员贪婪之大力。所谓真正财政之整理，不可不待代议政治之成也。

第六问大旨：清国商工业之兴起，当因如何之方法。此在起学校，使子弟得专门之智识，固不可他求也。虽然，天下之商工，固不得尽于官立学校养成之，要不过示其模范而已。真正之发达，不可不待商工之独立，以研磨其技术。今夫商业，天下未有能敌清国之商民者。唯于工则未有进，宜佣聘专门之技手，教育子弟。其将来之发达，正自非远也。

余以接吴先生之咨询为荣，开陈卑见如此。唯余公务鞅掌，对如此重大之下问，不得遂十分调查之馀暇，幸勿咎其无礼焉。

笔谈傍记

细田谦藏述

明治三十五年九月初七，清国京师大学堂总教习吴挚甫先生，携京都市商业学校汉语教习孟君繁英，往访子爵田中公不二磨于砾川之第。咨询明治初年教育制度，与其办理巅末欲有所资益也。途次枉过，请与余俱。先是余介绍先生于男爵中岛公锡胤，以前月抄相见，余亦陪焉。先生闻中岛公言，田中公明治之初为文部大辅（大辅今称总务长官），精达学政因请其介绍，田中公允诺，以故偕往。上午八点钟，出余寓，约以十点钟至。公延见，坐定余先代陈来意。公曰，久聆先生之名，即欲趋谒，养疴在鄙，不能如愿，徒抱歉叹。日前接中岛函嘱，故今在宅拱候。且余夙留意贵国，望其一日进治安之域切矣，今蒙驾临，何胜欣慰。鄙陋之见，恐未足以补所须。唯知无不言，言无不尽，是余之愿也，矧当先生殷勤之求乎。盖教育为国家文明富强之基，治国之要，舍此无复他术，其所关系甚大。则先生之任綦重，私心欲吐露肝胆，尽言无隐。但事多系余所办理，故多及余之经历，勿以为夸诩可也。是时余欲记二公问答之语，以备遗忘，谋之于公，公喜许之。与以笔翰及几，余隐几听写，所记述如左下（下文曰吴者系吴先生，曰田者系田中公，从约也）。

田曰：德川幕府，建立大学，名曰圣堂。专课汉学，学生约五六名，教习数十员。至末年别设蕃书调所（调犹讲究也），后改开成所，教授洋学。明治后招选诸藩俊秀子弟，号贡进生，以泰西语文为功课。先由语入，以为修文阶梯，学语约五六年，为毕业之期。日教习多，而洋教习少，语言毕业，始进文字。修专门之学，则专用洋教习，亦约五六年毕业。

吴曰：然则兼修语文，需十馀年乎。

田曰：然。

吴曰：专门毕业生，充用何处。

田曰：或以充吏员，或以充他种学堂教习，或遴擢优秀，出洋游学。以补在国所修之不足，是为今海外留学生之权舆。

吴曰：游学期限几何。

田曰：各国学堂课程，异其难易。所修又异其深浅，不可一概，大约数年乃归。又曰，别设医学部，是为今医科大学之权舆。教习多延订兰英德等国人，曩时学制，大抵如此。学政管辖之权，归朝廷也。余以谓立国家变法自强之本，固取于泰西之学。泰西之学，固待于泰西之师，然求其备，非考察各国教育制度，取舍斟酌，折衷至当，不能措之裕如。乃以明治四年，奉钦命，携同通英法德等语文者数人，巡察欧美各国。曩日所派游学生，亦往往来帮办事务，一年有半而归。汇辑考查各节，著成十数册，题曰理事功程，进呈。

游学期限

考察外国教育宜折衷至当适合国情

吴曰：贵国皇上悉措之实地乎。

田曰：否。斟酌折衷，视其果能适合国情，然后循序逐渐行之。盖国各异情势，不可生吞活剥。

吴曰：行之始于何年。

田曰：余自海外归在六年，由此时行之。先是创设文部省，统管教育之政，大木乔任为卿（即今所称大臣）。及归，大木转他官，余拜大辅，兼顾卿职。酌行所查，莫不如意。

吴曰：阁下归时，既有大中小学堂乎。

田曰：有。

吴曰：各种学堂教习，得无不敷用乎。

田曰：然。然多用洋教习，则多需费，于是开设师范学堂，养成教习。唯大学教习，仍混用洋教习与日教习。

吴曰：中小学堂课程，分有几科。

田曰：与今同。唯缺音乐体操两科，两科均延订洋人。试办数年，作成其适国情者，乃始开设讲习所，养成教习。其音乐讲习所，为今音乐学校之滥觞。

吴曰：开成所学生，由何种学堂招募。

田曰：取所谓贡进生，又挑募十七八岁子弟，由初步教之。间有家塾修洋语者亦募入。

吴曰：贡进生如何区处。

田曰：待之同他生，不存形迹。

吴曰：贡进生与他生优劣如何。

田曰：贡进生，系挑选各藩，才性俊秀，深汉学者，故优于他生。

吴曰：贡进生年纪几何。

田曰：二十左右，又曰：余至九年，再膺钦命前往美国，观察其教育。适有万国大赛会，世界各国教育家，多来游，开教育大会，因与诸人士相交，以教育办法质疑答问，所获颇多。淹留八月，至明年归，又辑所闻见，名曰赛会教育报告书，亦以进呈。

吴曰：教育章程、明治初年至今日，因革几次。

田曰：细节更改，不可胜数。其大者初有学制，次有教育令，以至今制，而教育令则系余所草定。又曰：各条章与理事功程报告书，今犹备存文部，可就观。

教育章程之因革

吴曰：十年归时，又行更革乎。

田曰：实行之，以建今日教育大本，今之教育，不过增修余之所建。余从事学务，前后十五年，至拜司法卿（在十四年），始解学政。又曰：历游欧美，闻各国学者之说多矣，至可施国内者极稀，酌量折衷之所以为要也。

吴曰：各国教育办法，何国最长。

田曰：各有长短，如小学之教，以美为长，普次之，兰瑞又次之，英又次之。

各国教育办法各有长短

吴曰：大学何如。

田曰：欧洲长于美洲，而欧洲中德国最长，本邦学制多采于美国，而不取于德国者。当时情势似美、德则进境太高，有未可企及者故也。及风气益进，则兼采德法各国之制。盖自卑登高，自迩行远，理势然也。

各国大学之长

吴曰：小学之法制大备，约在何年。

田曰：在七八年之际，以开今日风气。又曰：文部特

文部特设翻译局

设翻译局，大译洋文，用之学堂。

吴曰：今大学堂课本，多用洋文原书，若译而用之，岂不益利便。

译而用之不如原书有益

田曰：用原书之利，有数端焉。课本为数无多，译而用之，不如原书省费。学问深理，译而用之，不如原书得要。西学贵日新，新理续出，译而用之，不如原书有益进境。余游俄国，视其课本，下级学堂，尚用译文。大学独用原书，闻彼曾一行翻译，知不胜弊，遂作罢论。又曰：课本无论大小学堂，宜行酌量。如道德不取耶稣，而取孔孟。固有之教，史书文学，除不得已者，仍用国文。世或有心醉西学之极，欲废绝国文专用洋文者。夫文字为国之命脉，绝国之文字，即断国之命脉也。欲其国不毙，得乎，可不惧哉，可不慎哉。又曰：女子童幼之教，美国最为专长。盖童幼固欲先入之善，女子又宜养贤妻贤母之基，此美国创业所以勃兴也。余于七年设立女子师范学堂，与幼稚园。当时往往咎余，谓开女子骄傲之敝。然利弊交至，必不可免之势，唯有去弊收利耳。今女子之教，溥及海内，有蒸蒸日上之势，岂非其效乎。又曰：教育贵普及，与其深而偏，宁浅而遍。教育收功，莫捷于此。本邦初取于美国小学之教，意实在此，不翅情势相似已也。又曰：养伟器在大学，开民智在小学。

课本宜行酌量

文字为国之命脉

教育贵普及

吴曰：高等学堂，欧美皆有之乎。

道德之教至为重要

田曰：然。幼稚园为入小学之阶，小学为入中学之阶，中学为高等学堂之阶，高等学堂为大学之阶，不可不皆备。又曰：道德之教，贯通诸学而发申之，最为至要。而其极归，唯在忠君爱国。余之西游，会德法行成，尚略视其学政，乃知其所以胜败，不在甲兵，而在教育也。法之教育，萎靡不振。德则无论形上形下，皆能溥及。其民皆通法之语言文字，达其史书地理，而尤富于忠君爱国之心。以此当法，法之所以不能支持也。

吴曰：大中小学堂毕业期限，与欧美长短何如。

田曰：敝国长于欧美，欧美以国文修国学，敝国以洋文习洋学，所以长短相反。又曰：教育又贵统一，而贵国国势与敝国不同。敝国文部号令，一律通行。贵国有大八行省，分任事权，恐难统一。敝意如令督抚各自模效敝国，设法建学，或可以庶几欤。 教育贵统一

吴曰：令督抚各自建学，费款可节，统一尚不可期。是时余搁笔问曰：京师大学堂毕业学生，派往各省，令督抚充用之。于其中小师范等学堂教习，似可统一。

吴曰：省学课程尚卑，毕业学生学问较高，恐有捍格不行，毕业生亦不居就。

余曰：闻大学堂将设师范科，师范科生，将用于何处。

吴曰：亦恐未适各省学教习。

余曰：师范科方属创办，养之令适教习可乎。

吴曰：各省自有意见，未必用大学堂师范生。

田曰：此或然矣。方今养成人才以外，恐无他法。

吴曰：鄙意欲以京师大学堂，养栋梁之才。令各省自设大学，用其毕业生充府州县学教习。

田曰：然，不如多开大学。敝国初欲设七大学，以不可太急，故暂止东京一处。后增设京都大学，尚欲逐渐增益。

吴曰：贵国中学课程太繁，似不能深研应用。

课程不必多设

田曰：然，不必多设，择要课之可也。敝国当初办理亦如此，大小学堂皆然，不唯中学。又云：凡有形之学易入，无形之学难入。自易进难，自浅进深可也。

吴曰：如医学亦属有形易入，我大学堂尚觉碍难，以解德学者极少也。

田曰：医学不必依德学，用英法亦可，敝国亦初用英法。

吴曰：既过午，欲告辞。幸接晤教，获益多矣，欣荷无似，迟日再谒，请益可乎。

田曰：意多而时少，未竭所欲言。他日驾临，祈预赐示知，专诚拱候。

文部大臣菊池谈片

章宗祥录

欲兴教育当先造就能当大任者

今日贵国欲兴教育，当先造就一种人材，能当教育之大任者，此为根本之根本。今有良法美制于此，而行之者不得其人，则无以收效。凡事皆然，而教育尤甚。其次最重要者，为教员。教员者教育之母，日本初兴教育时，亦苦无教员。后乃设种种养成之法，至今日仅得敷用，然尚不得谓馀裕，时时犹有缺乏之患。今贵国欲兴教育，养成教员，决不可缓。

普通教育，固属必要，然专门教育尤重。政治法律为治国之本，农工商为实业之基，医科为人生寿命所关。理科虽若空虚，而实为各种科学所自出，均缺一不可者也。

专门教育尤重

贵国今日欲兴专门教育，不在精求学理，在实际应用。大学校造成专门全材，非一朝一夕之事，此可俟他日徐图之。日本当初兴大学校时，亦仅一二科目，如医科工科之类。专备应用，今日视若完备，盖亦积数十年之久。贵国今日所急者，在得应用之人材，故专门教育，期于足以为今日致用而止，不必他求。

今欲造就应用人材，当思速成之法，凡人有为之气，正在青年。应用人材，将使之当今日之世变，故必短其年限，以养成其锐气。

以上所言，乃一时救急之用。若为久远计则应用人材之外，尚须造就一种专门全材。此种人材，于将来社会之进步改良，大有关系。故一面宜用速成之法，造就应用人材，一面即宜用循序渐进之法，以造就专门全材。

造就应用人材与造就专门全材并举

速成之法，据贵国今日行政区划言之，京师宜立大学校。其下附预备门，凡有中学卒业程度者，得入之。其未及中学卒业程度者，于预备门之下，复设预备门，使入之。各省宜各设专门学校，入学程度如上。卒业者即分往地方办事，不必再往大学校。其系统当如下：

大学————————预备————————预备

专门（卒业以廿一二岁为度）————中学——小学

日本现今学校制度，未必皆宜于贵国，如高等学校大可省却，仅设预备门足矣。（高等学校之名，本无不可用，兹所谓可省者，言其实也。）

中学校其适宜程度最不易定

中学校最难，各国教育发达其学，大都为大学校（或专门学校）。其次即为小学校，至中学校，则为最后。盖中学校承上接下，其适宜之程度，最不易定。中学校之程度，果应如何，不惟日本尚无善法，即独逸为各国学校所师法，其中学校亦尚未完美。现今各国大教育家，尚不能定此问题。故为贵国计，莫如视上级学校之程度，而特设预备门以应之，最为适宜，中学校可缓。

日本现今当局者，大都当时所造就之应用人材。当时日本注意应用，故办事之人材辈出。再阅十年，即近今所造就之专门全材，当可出世。他日办法，其学问优胜于前者，固不待言。然救一时之世变，则不能不让之前人也。

大学总长山川谈片

章宗祥录

教育亦统一国家之一端

凡国家之所以存立，以统一为第一要义。教育亦统一国家之一端，故欲谋国家之统一，当先谋教育之统一。

教育之统一有三大端

教育之必须统一者有三大端：（一）精神、（二）制度、（三）国语。

所谓精神教育者何，爱国心是也。凡欲统一一国之人心，必先悬定一目的，使人人咸趋。于是，则教育易施，以爱国为目的，而统一国民之精神，此为最要。

其次为制度，欲谋教育之统一，必设一定之机关以司之，即文部省是也。日本自明治四年设文部省，尔后政令始归一律，教育之进步完备，皆原于此。

其次为国语，国语似于教育无直接之关系，然语言者，所以代表思想，语言不齐，思想因此亦多窒碍。而教育之精神，亦必大受其影响。此事于他国无甚重要，以贵国今日之情形视之，则宜大加改良。而得一整齐划一之道，则教育始易著手。

兴教育之办法

以上所论，为兴教育之缘起，至于办法开始不必求备。大学校宜先设速成科，请他国教师开讲，别设译人译之，或有谓译人不能通各种学问者，此语诚然。然除文学以外，各种学科，大都不外谈理，谈理之事，无有不可明者。且此本为一时之急，非久计也。日本当初医科大学开办时，即照此办法。一时卒业生数百人，大足为世应用，此即速成科有益之证。

大学校之办法

速成科外，宜特设正科，此宜编定等级，定一完全学科。选取年少者，使由小学中学卒业，然后升入。并宜使熟习外国语言文字，以备研究精深学问。盖速成科取以应一时之急，正科为他日久长之计，故宜相辅而行，不可偏废。

中学校之办法

中学校宜分二种，其一卒业后再入大学，或其他专门学校。其二卒业后，即就他业。此二种趋向不同，故教法课程亦宜不同。其第一种 ，宜注重外国语言文字，以为研究专门学之根柢。其第二种，则不必习外国语言文字，而别宜加重应用科目，如算学等类，使即可出世无所欠缺。日本中学校无此二种，此其缺点也。

中学校科目，最为一大问题。今日本所定者，有十四门。或有倡科目太多之论者，然余不谓然，盖中学校者，所以使人得普通之知识。普通云者，在多而不在精，以今日之科目视之，诚若过多，然试问诸科目中，果何者可以省去乎。历史地理算学，及其他诸门，论者均知其不可减。无已，乃有谓理科（如物理博物等类）可删者，此大谬论。欧美各国普通学之精神，全在理科。使无理科，则仅历史地理诸门，与东洋诸国旧时教育，毫无以异。且理科者，所以明日用事物之理，安有考求古今中外，如历史地理等知其不可废。而日用事物之理，乃谓不足知者乎。故中学科目，余亦非不知其多，然使果有可减，于普通知识无碍，则余亦早从论者之说。否则，不如仍旧贯之为得也。

前文部大臣滨尾新谈片

张奎录

吾日本三十年前之境遇，仿佛贵国今日之情形。斯时我邦志士，皆莫知日本之尚能独立也。当此之时，外人有攻吾南方者，土人与战不利。追究其故，知吾之军械不能及彼。于是潜心研究西洋炮火，稍得其秘，物理化学算学之入日本，即始于此时。

初，外人之来日本者，多逞乱暴，目无法纪，间有犯罪者。彼之公使领事，借口日本法律之野蛮，而百计回护，不使受约束。于是，吾国民悲愤交集，思有以制之，乃设法科学校于东京。招聪明子弟，入学精究法理，蓄志使人无以借口。此事至三年前，始得所愿。改定律法，外国人来居者，皆受我国法约束。吾日本以七零八落之国，而得睹今日之荣盛，皆由于能求对峙各国之方法也。阁下来敝邦，视察教育制度，甚善。但归国后，不可依敝国之制度而行，宜自出心裁。求一对峙各国之法，以为制度。察天下之变迁，而随时增改，否则无益也。

初兴教育应注意的几端

教育初兴之际，经费必不充足，然可视经费之多少，而定教育之方针。如时当改革，可先办专门教育。苟此时之经费不足，可先举专门学科中之紧要者办之。但门类可少，而程度不可过低，因不如此不足以当改革之驱使也。

民气未开，而兴教育，宜用开风气之法。如工场之于工学，病院之于医学等。凡国民易知其效验者可多设，以诱起国民之信用。

国民教育之义务，分为四段：一父兄有使子女入学之义务。二市町村有设立小学之义务。三府县有养成小学教员之义务。四国家有养成教授小学教员之义务。

教育初兴之际，新旧冲突，不可不避，否则教育之进步甚迟。抑止之法，在渐而进，进而不急而已。

教育初兴，人咸莫知西学之益，故多裹足不前，宜广开进用之道，以奖励之。阁下近日纵览各官衙工场，于此道谅必有心得。

帝国教育会会长辻新次氏谈片

吴振麟录

今日欧美各国，皆注重 于国家主义。故各增殖国民，务使邑无废校，人尽知书。此于军事之影响，尤深切著明也。

国民教育之重要性

国家之兴亡强弱，系乎国民之智愚贤不肖。国民之智愚贤不肖，系乎国民教育之盛衰。各国注重乎此，诚知其要者矣。今日敝国朝野上下，亦莫不以此为急务焉。

国民义务教育

"市町村"原作"布町村"

故寻常小学校者，人无论贫富，为国民义务所必修。地无论都鄙，为市町村义务所必设。小学校之数，日增月盛，师范学校卒业生不敷用矣。虽别设教员养成所以补之，终有不及之虞焉。

察贵国今日之情势，非急兴国民教育，尤不足以抗列国。一旦各地方遍设学校，其需用教授，不知凡几。况如贵国幅员之大乎，此不可不急筹者也。

聘外国教习注意事项

今日贵国专聘外国教习，无论聘价太昂，财力不给。鄙人重有虑者，教习非专门，决不可也。即系专门，非熟知该国之历史地理风俗人情，尤不可也。故英国之善于教授者，聘往德国，未必尽能适当也。日本之善为教授者，聘往贵国，亦难保其尽适也。始基之不慎，贻害于后学者匪浅。日本明治初年，迭受此种弊害，愿贵国勿复蹈此也。

窃拟募集敝国师范生之卒业者，授以贵国历史地理，并告以风俗人情，及通行之语言。此假敝国人士，养成为贵国教员者也。又招募贵国年少有为之士，既通贵国学问者，授以浅近普通学互换智识。两途并进，务期速成，限以一年。往复无已，递传递广，或足济贵国教育一时之急乎。

贵族院议员伊泽修二氏谈片

吴振麟录

问：小民多愚昧，说之不动，明治维新以前，恐亦不免。当西学之感人也，究以何种为先。

答：明治初年，顽固情状，尚未悉化。惟人莫不重死生，譬如疟疾也，汉医治之，有累月而不痊，西医治之，不经旬而即效。汉医之不如西医，昭昭然矣。于是习西医者有人，因采集药品，而植物学不可不讲。调剂药水，而化学不可不明。解剖躯体，而物理学不可不求，有连类而及之者矣。

人又莫不重利害，明治初年有结神风党于熊本者，皆守旧徒也。自夸其武勇，如神出鬼没之足以惊人也，故名之曰神风党。唱攘夷之说，既而屡战屡败。日本旧来兵学，以视泰西新学，良楛利钝，自不可掩，于是研究泰西兵学者踵相接矣。因制造枪炮，务通机械学。制造弹药，务通物理化学。命中适鹄，务精代数几何测量等学。种种研究，而学术之发明，愈验白矣。

更有一事，忆自与美国订约后，求互市者若英若法若俄，莫不联袂而来。往来日盛，交涉日多，东西之情势既殊，彼此之法律互异。大而国家与国家之交涉，小而个人与个人之交接，无不事事吃亏，着着让人。势既不能强彼以就我之法律，况我之法律，又不免被人訾议乎。于是顺天下之大势，察世界之公理，采集各国法律，取其长而舍其短，颁为定制。一例遵行彼无所借口，我亦不至受损。自是以来，内外之势力相抵，民教不致相争，改法律之功成焉。迩来讲法律学者日精，尤能问执人口，彼白人之来我东土者，无不就我日本国法律之范围矣。以上三者之成绩昭著，向之顽固者视之，亦若瞽者之发蒙，梦者之顿觉矣。尔后逐渐进步，逐渐改良，致有今日之情形也。

问：新旧之间，岂无冲突之患，调停之法如何。

日本维新以来新旧之冲突

答：我日本维新以来，新旧党之冲突，大者凡若干事，小者凡若干事。惟新者定大志，结大力，批艰排险，百折不回，任旧者之如何抵抗，曾不顾之。卒之善者无不伸，不善者无不屈，此亦理之自然者也。所虞者，立志不坚，定力不卓，一遇冲突，遂目眩神迷，所志不偿堕于中途。读世界历史，国家当改革之初，往往有是，最可惜亦最宜慎者也。

贵族院议员伊泽修二氏谈片

吴振麟录

伊泽氏问曰：近日阅报，称述阁下遍访名家叩爱国心之说，所闻必多，以何者论议为最惬尊意。

答之曰：爱国心之说却多，往往说未透辟。讲养成之方亦有谓以忠孝为主者，我国今日学子，未尝不教忠教孝，而爱国心未见勃然起也。君教育学之研究已深，谅有心得，盍为我言之。

培育爱国心之重要性

伊泽氏曰：爱国心之问题甚大，乌敢妄言。既承下问敢就生平阅历之境，得之所觉悟者言之。爱国心之最足以奋起者，莫过于常将敌人悬于前后左右之间。昔西洋人尝诋我日本土地之小之贫，必为人属国，为人奴隶，又极口诮我风俗人情之野蛮。未尝不深夜彷徨，务思如何而后不为属国，不为奴隶，不为野蛮。岂唯鄙人作如是想，吾之同胞，何人不作如是想。忆自鄙人美西负笈以归，而爱国心增进之猛，不知几十百倍于畴昔者矣。

如何培养爱国心

又曰：贵国当多遣留学生出洋，无论英法德美及敝邦，皆能获益。若官吏游历各国，亦无不受益。若得亲贵出游，归而能进言于皇室，其效尤捷。顷见报纸载上谕奖励欧美留学生，未始非振贝子归述之验。向述鄙人自美洲游学归来，增进爱国心，不知若干倍。贵国之留学生，将来增进爱国心，当亦不知几千百倍者，此无相异者也。虽然，若留学生，若游历官员，限于人数，囿于经费，所谓增殖爱国心者，犹以不能普及全国为憾。爱国心非普及全国则不可，欲普及全国，仍非假学校为养成之机关则不可。养成之方法维何，第一为现实之养成法。譬如普法之战，法为普败，失地千里，后法国之小学校，授地图时将所失之地方一一注以颜色。指谓学童曰：此何地也，法地也，为普人所夺者，汝辈将来不取归，非丈夫也。厥后法人果能报复，而取还其失地。此种教授法，最易触动人之爱国心，在幼童时，天性烂然，尤触动而不能已（今日本小学校中，尚以元寇油绘图指示学童。有自西伯利亚归者，言俄罗斯小学校中，绘俄皇游历日本时为日人枪刺油绘图授学童——记者识）。养成爱国心之法，莫善于此矣。虽然此犹如急性药，能使人骤起于一时者，尤宜进以缓性药，使之浸润而俱化。其法维何，则历史之养成法是也。大凡起人民忠君爱国之心，宣布朝廷之德意，足以沁人心脾者。如敝邦则有教育敕语若干条，间尝考清朝尤兴以来，种种圣谕如顺治康熙间之上谕十六条，皆足为教育敕语者。窃拟以此十六条为经，罗列东西事实为纬，编成教科书。授诸小学或为缓性药之一助乎。

又曰：欲养成国民爱国心，须有以统一之。统一维何，语言是也。语言之不一，公同之不便，团体之多碍，种种为害，不可悉数。察贵国今日之时势统一语言，尤其亟亟焉。

答：统一语言，诚哉其急，然学堂中科目已嫌其多。复增一科，其如之何。

语言统一与培养爱国心的关联

伊泽氏曰：宁弃他科而增国语。前世纪人犹不知国语之为重，知其为重者，犹今世纪之新发明。为其足以助团体之凝结，增长爱国心也。就欧罗巴各国而论，今日爱国心之最强者，莫德意志若。然德意志本分多少小国，语言自不相同，斯时也，彼自彼，我自我。团体之不结，国势之零落，历史中犹历历如绘也。既而德王维廉起，知欲振国势，非统一联邦，则不足以跻于盛壮。欲统一联邦，非先统一语言，则不足以鼓其同气。方针既定，语言一致，国势亦日臻强盛。欧罗巴各国中，爱国心之薄弱，殆莫如墺大利匈牙利之共同国。全国国种不一，自然语言不齐，莫知改良之方，政治风俗在在见参互错综之状。甚至陆军不受政府之驾驭、骚乱之举，曷其有极。傍观者时切杞忧，谓墺匈之恐不国也，此皆语言不统一之国。一则由不统一以致统一，其强盛有如德国。一则本不统一而不知改为统一，其紊乱有如墺匈合国。成绩攸分，似足为贵邦前车之鉴矣。 奥匈帝国

答：语言之急宜统一，诚深切著明矣。敝国知之者少，尚视为不急之务，尤恐习之者，大费时日也。

伊泽氏曰：苟使朝廷剀切诰诫，以示语言统一之急，著为法令，谁不遵从。尊意大费时日一节正不必虑。即如仆信州人，此阿多君（时席上有此人）萨摩人，卅年前对面不能通姓名，殆如贵国福建广东人之见北京人也。然今日仆与阿多君语言已无少差异，敝国语言之最相悬殊者推萨摩。初建师范学校时，募萨摩人入学，俾其归而改良语言。今年春仆曾游萨摩，见学生之设立普通语研究会者，到处皆是。所谓普通语者即东京语也。故现在萨摩人殆无不晓东京语者，以本国人而学本国语究不十分为难。况乎今日学理之发明，哑者尚能教之以操语言，况非哑者乎，惟不试行之为患耳。苟其行之，假以岁月，其效显著

于齐鲁闽粤之间，可操券决也。

阿多君曰：昔琉球风俗语言，全然不同。及彼处设立小学校，凡学童六岁至九岁，必授以普通语言，是为国语。故现在琉球之年老者或不能尽解东京语言，其在年少之士，无不圆熟，此亦统一语言不难之一证也。

贵族院议员男爵加藤弘之氏谈片

吴振麟录

加藤氏曰：吾于贵国事，初未研究，故不甚了了，深恐言之未当。兹承辱临，姑言我本邦开化之小史而已。日本文明之起源，萌蘖于三百年前，自美人叩关，启衅长崎，为吾邦人动荡觉悟之基。盖养全国之智识，究以普通学为先，下走常研究于斯，尤以文学理论为断。文学所包甚广，以历史占大部分。唤醒痴人，鉴戒万古，裨益后来，厥效匪鲜。世人诋为空文，决非确论。理学则析造化之奥蕴，辟天地之秘藏，最足以析人之疑，亦最足以坚人之信。欧美各国之富强，未始非理学之所致也，以贵国三千年之文明，文学一事，由来争长他国。于今加之提倡，以人人思想中本有之历史，自不难反求即是，光耀前人。理学一事为贵国人人头脑中所未有，向所未有之物，而注之使入自匪易事。且理学精妙，在欧美日进月盛，愈造其极，升堂而入室。徜徉户外者，急起直追何时方能及乎。兴言及此，谁无难色，虽然亡羊补牢，或未为晚。尝读贵

日本文明之起源

在中国注入理学并非易事

国书籍中，巫医并称，巫者虚妄不经，医者，积种种学理以成之者。两者天壤睽隔，乌得相提并论，此亦无理学思想之一证。苟稍解理学，鲜有不能辨别者也，故常人之宜知普通学，迫如水火菽粟之不容须臾缓也。

辻新次氏谈片

吴振麟录

维新之初，承德川幕府之末，教育之事，无所统属，各藩得自由设立学校。至明治四年，始废藩置县，是年文部省亦设立。先是学制未定，各藩之外，学事大都由大学司之。至是乃统一于文部省，各藩所立学校全废。由文部省颁发学制，规定学区，分为三种：（一）大学区，（二）中学区，（三）小学区。创始之际，大学中学设立者甚少，最注重者，惟小学而已。小学经费，由各学区（即各町村）担任之，而由文部省每年给补助金，自百万元至七十万元有馀。各学区所担任之经费，并非因新立学校乃筹经费，即前此各藩所立学校之基本金也。当时各藩教育固非必盛，然基本金则甚充足。文部省立，乃全收其所有，而分配之。故当时经费之事，不甚为难，一转移之间而已。其不足者，仍由各町村（即各学区）担任，著为定例。今为贵国计，当亦可用此法。现今兴办教育诚为创始之事，然贵国前此所有教育之费，仆虽不得其详，即举一二例言之。如试院科举等费；决非少额，宜总计其所有；然后规定学区而分配之。虽不尽足，然大致当可支

维新之初学校经费

“上答”原作“右答”，下同

持，再由政府设法补助，不甚难矣。

上答经费事。

学校教员

创学之初，最难得者为教员。东亚诸国，从古无专养教员之学校，大都以才学优等者充之，无所谓师范学校，师范学校惟欧美有之。日本自明治五年始依美人斯各所定，设立师范学校，专为养成教员之用。诚以教员为教育之母，欲兴教育，非先造就教员不可。造就之法，创办时，宜用官费，招有志者就学。年限务求其短，半年亦可，一年亦可。两三年后始可稍求完全办法，凡卒业者以官费，故必使之当义务教员。其年限视在学之长短为率，不数年，小学教员当可充足矣。

上答教员事。

教育之新旧之争

凡兴办一事，为其国本来所无者，新旧两派之冲突必甚，此无法可免。日本之所以能至今日之情形者，亦几经顿挫，然赖政府全力维持，故得以不坠。今贵国欲兴教育，仆意政府宜大发号令，申明改革之宗旨，使全国震动。其反对甚者，则以政府之力压抑之，不使得志。然后教育之事，始能着手，否则一起一覆，风波不定，将为进路之大阻也。

上答新旧冲突之事。

大槻如电问答

如何处理旧学与西学

问教育之法，全用欧学，似尽弃汉文，亦未免过甚。敝国今开办学堂，不能全废本国旧学。但欧洲科学已多，再加本国旧学，学童无此脑力。若删减汉字，即与贵国无异，将来能汉文者亦少。若删减西学，若何删法。又汉学读书，必须倍诵。缘经史文理过深，不如是不能成诵，殊无益处。若倍诵温习，不能与西学同时并讲，且恐欲求两全，转致两失，如何而可。

答现在学制，除小学外，他学皆修汉文，我国竟不能弃汉文也。夫国史以下，皆由汉文传之。尽弃汉文，前言往事，何以究之，只欲弃无用文字耳。欧学又只行之中学大学，如小学不过授罗马数字，及横文二十六字。虽曰学童脑力不堪，其不堪者，在科学复杂者耳。设科目者，宜深省也。至贵邦旧学，其可弃者颇多，如科举重八股，却是徒费脑力。明太祖曾禁之，闻贵朝圣祖亦停之。然而旧染积习，用力骈俪，所谓无益世道人心者。今而不废，恐不能新人智识也。贵邦新设学堂，宜斟酌内外，以定教科。法学有大有小，如乡黉所授，不用欧洲科学为可。试陈大略如下：

“如下”原作“如左”

德行第一　儒教为本，自诚意正心讫修身齐家，而仁义忠信，皆对人可行者。方今与五方人交，此四者最须涵养。如习业法，口授心受，不必尽依典籍。

地理第二　不问内外，不论东西，舟车所通，品物所产，及风俗政刑，可指示舆图，以存之记忆。着眼欲大，谋事欲审，此科宜少参取西法。

文章第三　不善文辞，不可述志传意。

书数第四　字画必正，运笔必捷，行草诸体须兼习。

世界万有。不离数理，算数实诸学所基，但童蒙当用寻常算盘。

汉字删减，是余多年所志。明治五年，余奉职文部，实始为之。当时大木伯为文部卿，夙有见于此，辟余及田中义廉从事。田中寻去，余独当之，十阅月而成。盖汉字可充我用者，千馀字，及本国所造字若干，皆收之。但稿成日，大木伯既转官，余亦寻罢去，回顾既三十年自笑徒劳。世谓汉字夥多，不堪烦累，然汉字一字为一言，言语与时变移。文字从有死生，是自然之理。康熙字典所收，十馀万字，细检之，今日所用，止三四千。他皆死不再苏者何须新删。今夫转用数千言，显出几千万语。如是观之，汉字之功亦伟矣。若西学删法，不可不大注意，先生此语大强人意。西学可采者，算数物理医疗机工，此四学宜全用。如医学贵邦目下急务，一日不可忽之，但法律经济，可供参照，不必全依。凡百般学术必须倍诵温习，岂独经史，其有益无益，毕竟在采择当否。其"欲求两全，转致两失"之语，卓见确论，我国殆至两失。贵邦必当求两全也。

东京府中学校长胜浦鞆雄第一次来书

中学教课表

承贵嘱拟定中学教课表，有宜仰询者：

一　小学年数几何。

二　中学年数，与我邦制，均为五学年乎。

三　去日蒙贵谕，新制省笔字四十九母，十五喉音，用诸小学。则贵国必需之文字四五千字者。自入中学者，始教习之乎，果然则一学年三十五周中，以每周七时，即三百四十五时，充教习国语之时可也。五学年通为一千二百二十五时，以此一千二百有馀时，应能得通晓必需之四千文字矣乎，贵见果何如。

四　中学教课中，设英语科否。

五　从贵谕则似不设高等学校，直以中学为入大学阶梯者，果然则贵大学之课程，一用贵国语而不由外国之书乎。若由外国之书则中学应教习外国语，非增加学年，则不得以为大学阶梯。缩少学年，则子弟之学力不得不减，或以中学为七学年乎，贵见何如。

此五件幸赐回答。

胜浦鞆雄第二次来书

中学堂学科及教授分配

拟定中学堂学科及每周教授时间配表						
学年 学科	一年级	二年级	三年级	四年级	五年级	五学年时数合计
修身	二时	二时	二时	二时	二时	十时
邦语邦文	八时	八时	七时	七时	七时	三十七时
外国语	六时	六时	六时	六时	六时	三十时
历史	二时	二时	二时	二时	二时	十时
地理	二时	二时	二时	二时	一时	九时
数学	四时	四时	五时	五时	五时	二十三时
博物	二时	二时	二时	一时	一时	八时
物理化学	—	—	—	三时	四时	七时
图画	一时	一时	一时	一时	一时	五时
体操	三时	三时	三时	三时	三时	十五时
合计	三十时	三十时	三十时	三十二时	三十二时	百五十四时

修身　敝邦教习此课，每周用一时，说明平日实践诸件。令解对家族社会国家等义务，与所谓伦理学之一斑。贵邦则比敝邦事端稍多，本孔孟遗经，以教应用诸事，每周二时充之，若夫教授之方法，与定将来伦理之基本，今不必赘。

邦语邦文　贵邦语文所用字数，姑定为四千字，自小学授之，以至中学，二年至三年若五年。少修古代语文，加之习字作文之科，皆于此时数中课之。故通全学年，以三十七时充之，未知足否。且节略贵国所用字数，以开除繁就简之路。此际亦宜考究，盖方今之急务也。

外国语　自西人用汽电之力，以发明创造之功，五洲之交通如比邻。将来世界列国之势力，皆将用诸东亚之野。然则东洋之国民，欲立中等以上之地位，必不可不解外国语文，况于入大学堂而究西欧传来之书乎。曩承贵谕，通外国语之要，不独一英语。虽然，人力有限以一人之身，兼修数国之语文，固必不可。在一中学，而教授数国之语文，亦难实行。独世界中流行最广者为英语，为中等教育必需之科目，亦最急之务也。今一周中，割六时以充外国语教授之用。但志于大学堂医科法科者，易以独语，为他日之预备可也。倘若依贵谕习外国语，专任学徒之所便。不独国民志气不能统一，抑恐不能，应时局之必需，请幸再思。

历史　敝邦学制，历史地理之外，更有法制经济一科，而今改之。历史一科一周八时，试举各年级之要目如下：盖一年级则教习古初以来至宋朝大要。二年级则明以后至国朝龙兴大略（至东方诸国之略史　则于其所关系条下　便宜说明之)。在三年四年两级，则授世界列国史之大要。待五年级，智识稍进，而授之以国朝之历史，与现行制度之大要，如此则亦可矣。惟修身邦语历史地理之科，则于国民教养之道。皆可以发挥忠君爱国之精神者，其所关系决非鲜少也。

地理　此科比敝邦之制而时数加多者，欲为他日入大学堂者，令解地质学之基础也。其各年级之要目，一年级则教习内国之地理。二年级则内国之西北境，及亚细亚之大略。自三年级至四年级之前半，则世界地理之大要，自其后半，涉五年级，则教习地文地质之大要。然而自一年级至四年级教习之方法，则加意于人文地理，使学徒知世界列国之现势，与本国于世界之资格。

数学　此科亦比敝邦时数稍加，因从贵谕减去高等学堂，自中学堂直入大学堂为准也。各年级之要目，一年级则算术，二三年级则代数及几何，四年级则几何及三角术，五年级则三角术及解析几何之要是也。

博物　使学徒观察天然之事物，以备普通之智识，解人类及动植诸物相关系者。举其要目，则植物动物矿物，及人体之构成，卫生之大要是也。

理化　使学徒观自然之现象，以养普通之智识，知万物相通之定律，及其所以与人生相关系者。其要目则物理化学之现象定律，及器械之构造作用，与元素化合物之大要是也。

图画　练磨精妙观察之能力，启发优美之观念。其目有二：自在画及用器画是也。今所定者，比敝邦之制，时数亦稍加多，以此科关高等教育者颇大也。

体操　关身体诸部之发育，养壮快刚毅之精神，且使遵规律，尚协同之习惯。其要目为普通式及兵式二种，缺一不可。

上十科目，为中学堂所课学科。今取各学科每周教习时数，与教习总时数，以百分率算法，大约比较之，以示其略。

凡修本国固有之学，为修身邦语邦文。其教习时数，百分中约三十。

通世界各国之言语事情，应时局之必需者为外国语，其时数约十九。

通中外之变迁推移与世界列国之大势，并得地文地质之智识者为历史及地理，其时数约十二。

应会计测量诸般之务，且以定各种学术之根柢者，为数学科，其时数约十五。

通自然科学之大要者，为博物物理化学，其时数约十。

养事物表象之能力，与优美之感情者，为图画，其时数约三。

养刚健之身体与精神，且以得规律严正之习惯者，为体操科，其时数约十。

上十科目中，数学博物物理化学四者，古来东方国人之未曾考究者。而今日之时局，万不可忽者也。贵谕称此种之学科为西学，恐误，是唯经西人之考究以明于世。耳其理则天地固有之理，而世界万国之所通有，决非西人之宜私者也。是故贵邦学堂教习之，则贵邦之学也。倘单称之西学，则恐致贵邦人有疏斥此等学科之心。此事虽似末节，当学堂施设之初，最要考虑者也。

来书云，敝邦中学科目过多，故欲减去之。愚惟苟欲应世运之进步，以养中等以上之国民者，上十科目中，决不可缺其一。倘论其必需则犹增加之亦可也，唯学徒之脑力有限，故宁俯就之以为十科目耳。而至教习之程度及方法，则亦颇要斟酌加减之，以杀学徒之苦难。

来谕又云，学科每周唯用一时，似无实益。然凡人性之接受外物也，其浸润之久，遂能形实质于其中。若彼一时暴收者，不啻所得之脆弱，未有能永远继续之者。况甲科所得之智识，与乙科所得之智识复常相发明以映心性之中乎。故以别异数科目，排置于一周中，以使学徒得并进共达之便者，固为必要之事。单日一周一时，则虽如甚少，通算之一学年，则积为三十馀时。其间所得成绩，盖亦有大可观者。请谅之。

胜浦鞆雄第三次来书

再议定中学堂学科及每周时间配当表							
学年 学科	一年级	二年级	三年级	四年级	五年级	五年间总时数	百分比
修身	二时	二时	二时	二时	二时	十时	三十三、九
邦语邦文	九时	九时	九时	八时	八时	四十三时	
外国语	六时	六时	六时	六时	六时	三十时	十九、二
历史 地理	三时{二时 一时	三时{二时 一时	三时{二时 一时	三时{二时 一时	三时{二时 一时	十时 五时	九、六
数学	四时	四时	五时	五时	五时	二十二时	十四、一
自然化学	二时	二时	四时	四时	五时	十六时	十、三
图画	一时	一时	一时	一时	一时	五时	二、二
体操	三时	三时	三时	三时	三时	十五时	九六
计	三十时	三十时	三十一时	三十二时	三十三时	一百五十六时	

昨呈中学堂学科及每周时数配置表，寻思贵邦学制，方属创始之际，故表中所揭，或嫌学科过多。且贵邦语文教习时数，亦恐或有不足。因更试别定，以资参照。其改定如下：

邦语邦文科，增至一周通计六时；

地理科，减至通计四时；

数学科，减至通计一时；

博物物理化学三科合一，改称自然化学，增至通计一时；

三学年级，一周时数，增至通计一时。

改定时数如此。其所课要目，亦不免少有所更订。而邦语邦文者，姑置不论，就他学科而言之，如下：

地理科止教天然地理，与人文地理之大要。地文地质移之自然化学中为便；

在自然化学，则就事物之重要者，而教示其定律、关系、构造、作用等，都以应日用实务为主。举其要目，则一年级为植物。二年级为动物之大要。三年级续前级所授，兼教人身生理及卫生之大要。自四年级涉五年级，则为化学物理之大要，且示矿物地质地文之概略。

前书所举百分率，亦稍事变更。故记之表中下栏，以便通览，请以对比时数之轻重。

一周教习总时数，比之敝邦，则各年级皆稍加多。是无他，知贵邦人之体质健康，而能堪难事，有逾敝邦人者也。

东京大学教授法学博士高桥作卫来书

窃谓游历他邦，观其制度，宜采其长舍其短，取舍而得其中。各国人情风俗不同，习惯成风，不是之思，而漫采他邦之制，则枘凿不容矣。今贵邦采他邦之制，宜体本国国风而决取舍，方能效绩显著，不致徒劳无效。辱承咨问，谨陈愚见七条，幸垂明察而决采择。幸甚。

发展教育之七条

第一，宜定教育方针。

一国兴学，教导子弟，苟不定向往之目的何以能举事。徒驱全国幼年皆入学校，以为毕乃事者，岂知教育之道哉。夫人有常心则临事不为利欲所惑，有常识则能排艰难，能操艺术则建业奏绩，富国润身，盖教育之目的在兼备此三者。欧美诸国教育大家之说，皆曰常心与常识，不可不养之于素也。又曰格物致知之道，不可不讲也。然察各国实情，不免咸有所偏。英国教育方针，在养材干，故不强以学术，任其自由。若中等以上之民，往往有不使幼儿入小学，自聘良保母以保育之。长而使之入中学，造大学，不独专心于技艺，且以健壮其身体，达其养材干之主义焉。德法教育方针则异是，小学中学制度极严，其大学专修学术，其制与敝邦酷似。德人鲍尔森（Paulsen）著德逸大学论曰：究学理蕴奥，并讲其适用之术，是德国大学之方针也。至英国则以养材干为第一义。若夫敝邦教育方针，未必一贯，识者以为憾。如大学教育，主义极模糊，其大学令曰：帝国大学者，研究学术，兼养有用之材。若以学术为第一义，以养材为第二义者。其实专以读书修业为急务，不复顾养材干。教官与子弟，相遇如路人。窃惟贵邦康熙皇朝以来，多出硕儒。博览强记，学主考证，孜孜矻矻，殚全力于图书之间，以终一世。学风如斯，而有为之气渐销。贵邦之所忧，盖不在乏学者而在乏材干之士。宜一变学风，采英国方针，以养成材干之士为第一义也。

第二，宜以孔道为学生修德之基。

英国大学皆设基督教会堂于黉内，康倍而其（Cam-

康倍而其（剑桥）蛙克斯福而特（牛津）

bridge）二十馀黉，蛙克斯福而特（Oxford）二十馀黉，莫不皆然焉。一周一回必使学生入教会堂礼拜听教，若夫笃志之徒，朝夕得入。盖英国大学修德之法，依宗教也，欧美诸大学多采此制。征之古史，中世欧洲骚乱多事，兵战频烦，文学疲弊。斯时也，未有学者，独僧侣能解古学。后骚乱渐平，天下思治，于是文学渐起，就僧侣而学者担簦于道矣。昔之教会者，一变而为学校。学徒渐多，教会增广基址遂成大学。自今日以溯第十二世纪，英国大学之源，实在教会，故今日英国诸大学长多选自僧官。历史之由来如是，以宗教为修德之基，固其所矣。然此制不得施于敝邦，敝邦学生，信教之观念甚薄。大凡宗教以信为基，苟无信便无宗教，故欲采宗教为日本学生修德之基，不啻缘木求鱼。惟我邦有一事卓出于万邦，则我皇统一系万叶。德泽侵入民心，四千万众庶仰望我皇如天如日，风诏一下莫不遵从。是以本邦学生，修德之基，一凭敕语为依归。窃谓贵邦有孔子教，此教至明至大，不落空远，不陷奇怪，而旨深理玄，诚人生良训也。孔子生于贵邦，尔来数千年，教旨渐入人心，信以为世界无二之道。犹西人信西教，是实足采以为贵邦学生修德之基。宜设大讲堂于大学，聘硕儒演讲，使学生集闻其说。犹如欧美诸大学，使学生每周一回，入教室行礼拜也，虽然贵国今日士大夫亦莫不声称孔道。但所谓孔道者，不徒在口称，尤重在躬行也。下走幼时在家庭受孔教，后游欧美诸国，亲睹西教徒所为，以彼例此，发大觉悟。窃案西教重实利，贵独立自主，其弊往往陷于利己。譬如老者罹病，则为子弟者聘医师，佣妇女，使之看护治疗，固其宜也。耶教者曰，有金则能聘医师佣妇女其所赖一在金钱。长兄破产，弟则袖手旁观，不为之救济。耶教者曰，彼破产自招其祸耳。夫死则其妻再醮，耶教者曰何足异。西教书中常载记长兄亡而其妻嫁次弟，次弟死嫁三弟，至五六弟而无嫌。要之西教之旨，在独立自主而不顾他。此心虽微，竟能致欧美今日之富强，而其诚不免陷于残酷不仁也。若夫孔教则曰：父慈子孝，兄弟相爱，夫妻相和。其所主在彼此相扶，其弊往往失独立自主之精神。舜父不仁，然舜能事之。君子以为孝，曰父虽不父，子则不可不子。殷纣暴戾，比干谏死。君子以为忠，曰君虽不君，臣则不可不臣。盖就舜与比干论之，则此二人者忠孝无比矣。然为君父者若一逞其暴戾恣睢之气，而假此教责忠与孝于臣子。复纵其辞曰，父虽不父，子则不可不子，君虽不君，臣则不可不臣，则是误孔道之旨甚矣，而后世人士往往误之。又如长兄放纵破产，而责其弟曰，兄弟相扶古道也，尔宜助我。不计独立直进，而顾待扶助。不扶助则诋以为不仁，其心之卑屈陋劣，学孔道而误者，其弊往往若此。今贵国振兴学制，固宜以孔教为养德之基。然若不研究孔道之真谛，则道德之观念未固，而独立之确心已消。流弊所极，振国家之衰运则不足，害人道之进步则有馀，殊非鄙人崇拜孔道之旨也。

“又如”原作“又为”

第三，宜禁读稗官小说谈豪侠事迹。

那破仑（拿破仑）
比士马克（俾斯麦）
猼听铿恩（哥廷根）

天下一日不可无常识之人，若豪杰之士，实非所急，盖其资天生，不教而能卓出。那破仑不成名于乡学，比士马克在猼听铿恩（Gottingen）受狂暴之名，现时英国查氏抱不世出之才，而不学无艺。鄙人尝游德国，过猼听铿恩，见一小庐于市外，陋屋隘苑，临水傍堤，一见如牢狱。说者曰，是大学幽比公处。盖比公在大学事争斗乱校规，落拓不羁，往往为狂态，是以大学放之于市外也。其少时若此，而能成大业如彼，全出其天资。今无比公之资，而学其素行，有害无益。大凡教育之目的，不在养豪杰，在养常识之士也。按贵国人士喜豪杰之谭，是以三国史，汉楚军谈，及传记小说，多说豪杰不羁磊落以为多焉。读之则快，而扰乱少年之心，决非少矣。古人曰浸润之谮，肤受之诉，能伤君主之明。下走曰：豪杰任使之谭，破世道人心甚大焉。征之实事，敝邦子弟中道挫折者，多好任使之谭。盖是等子弟，出乡关则歌曰，不能成志业则不再归。其志极壮，然好为异行。疏豪自喜，甚至抗上以为刚，蔑长以为强，眼无官宪，反理庇恶。而其中未必刚毅，慾情乱内，则流连荒亡。豪侠之谭，贻误青年其迹极明。盖此等小说能警醒懒惰半眠之徒，鼓舞猛进果敢之气，以启激成豪杰之机，然天生豪杰百年而一二人而已。今望一二于千百，以误一世之青年非策之得者也。故曰，贵邦振兴教政，宜严禁学生谈豪侠之谭。

第四，宜禁学徒刻苦勉学消其锐气。

泰西诸大学生，年齿二十四五，能卒其业。日本则否，二十七八岁，始卒大学。美国教育家曰，学生年过二十三四则消其锐气。Report of the Commissioner Education of 1899 鲍尔森曰子弟在大学乃其一生最乐之时，其期不可过长，二十乃至二十五最为适宜。按秦始皇尝烧经书坑书生，暴则暴矣，然不足以为忧。使书生苦读万卷之书，消少壮之年月与其锐进气象，是实为可忧。日本大学业繁课多，学生不堪其烦，近年学生英气渐衰，有为之才能减，诚为可忧。今贵国起大学，宜以敝邦为龟鉴，不蹈前车之辙也。

第五，宜省不急之科。

日本大学多不急之课，如法科大学，外交史与政治史重复，国际私法与民法法例及国际公法重复，国法学与宪法，行政法尤为重复。

今拟贵国大学法科，宜置以下诸学科：一、政治学；二、法学通论；三、清国法制沿革（自唐六典至明律纲领大清律令）；四、欧美政治史；五、国际公法；六、法制沿革；七、财产法、亲族相续法；八、国法学；九、刑法论；十、经济泛论；十一、经济学历史；十二、货币、信用、银行论；十三、租税论岁计预算论；（如商法、诉讼法随次加之）。

第六，宜设置合宿馆养学生风习。

大凡涵养学生良习，育成一校美风，无善于合宿馆者。蓬生麻中不扶自直。案英国蛙克斯福而特并康倍而其大学，皆四十馀黉而今细检其制度，此四十馀黉，其实学生合宿馆也。大黉宿学生三四百，小黉宿五六十。一学生领二室，其一为读书接客，其一为更衣寝眠。俨然成一家，时时牵俦结侣，谈文论武，犹如人家往来，以学处世之法。各黉又设数讲堂，教二三科目，他黉亦然，合为数十科目。各黉学生，得随意选择入他黉而听讲义。譬之犹数十家，各设一教室，或教文学，或讲道义。各家子弟，随意入他家而听教。今此数十家名以一大学，若就其内部观之，则非大学而为学生合处之所耳。此等合处之所，各有其长，或出大诗人，或出大学者，或出硕德之士。且夫英人重有恒，不喜更易。若其父入甲黉，不喜使其子别入乙黉，故往往父子相继同室。壁头题字，窗底留痕，一一在目。使为子者不啻亲见父祖苦学之状，若曰是家祖父讲学处，儿何得不勉励。是以校规极宽，而子弟自能不脱常规，良习愈熟，是实英国合宿馆之卓绝于他邦也。盖英国大学多经年所，次第进步以臻于尽善尽美。他邦新兴大学，急欲承习此风，不可企及也。唯其合宿制度，则可采以为各国大学之模范。敝邦大学，曾设寄宿舍，而今废矣，识者以为遗憾。惟高等学校有合宿所，组织甚佳，学长则示以主义数大端，其他细规一任学生自定。即于学生中选举干事，轮流值换。全舍庶务与食事，学生皆自监督。是以事无大小，学生自负其责，治绩极良。窃谓此制尤宜采以为贵邦合宿馆之模范焉。（本邦高等学校设寄宿舍，久养学风，质朴淳厚，其制甚佳，故言学风首推高等学校。然自教育系统上言之，则所谓高等学校者，可以无须设置，卒业中学则直入大学足矣。)

第七，宜讲格物致知之学。

封建之制久行于敝邦，武士食禄，不耕而食，不织而衣。大凡殖产兴业 委之农工商贾，士视金钱如粪土而不屑为之计。盖当时治乱无常，一朝有事，武人举致其身，视生命犹鸿毛。加之德川氏专奖励孔孟朱氏之学，童儿八九岁，读书先自四书始，道义之学渐盛，而格物致知之学逐日衰落。中等以上之民，开口则曰天下国家，而不知天地为圆，坤舆长转者，比比然也。甚至不知分厘合为钱两，数理之念全空者。窃惟贵邦人今日尚有此弊，盖孔孟以来数千年，人讲道德文艺，无形之学，次第振起，其美其妙或有驾欧美而上之者。所惜者格物数理之学，比之泰西，犹幼童之于巨人，萌蘖之于松柏也。敝邦深有猛悟，上下一心，学泰西之学，究数理格物之艺术。贵邦现将大兴学政，正宜及时补救，究心于格物致知之学焉。

学校图表第四

第一　普通教育[①]

甲　小学校

（小学校令及小学校令施行规则参照）

寻常小学校修业年限四年，高等小学校修业年限二年、三年或四年。

寻常小学校（初小）

寻常小学校之教科目：修身、国语、算术、体操。依土地之情况，加图画、唱歌、手工一科或数科，女儿加裁缝，所加科目为随意科。

高等小学校（高小）

高等小学校之教科目：修身、国语、算术、日本历

① 此前的《三岛博士卫生图说》等图表略去。

史、地理、理科、图画、唱歌、体操，女儿加裁缝。

修业年限二年之高等小学校，理科、唱歌一科若二科阙之，又得加手工科。

修业年限三年以上之高等小学校，阙唱歌，加农业、商业、手工一科若数科。

修业年限四年高等小学校，得加英语。

附幼稚园

幼稚园保育幼儿，其条目：游戏、唱歌、谈话及手技。 幼稚园（幼儿园）

东京盲哑学校 盲哑学校

教科：寻常科、技艺科二种。各生徒兼修寻常科及技艺科中之一科若二科。若父兄望其专修寻常科，若认修技艺科中之某科者，听之。

盲生寻常科：国语、算术、讲谈及体操。技艺科：音乐、针治及按摩。

哑生寻常科：读方、习字、作文、算术、笔谈及体操。技艺科：图画、雕刻、指物及裁缝。

授业时间：寻常科专修生一日五时，针治按摩专修生一日三时，其他都为六时。

修业年限：按摩专修者三年，其他凡五年。

乙　中学校

（中学校令及中学校令施行规则参照）

修业年限五年，但置一年以内之补习科。

年龄十二年以上，卒高等小学校第二学年课程及有同等之学力者，得以入学。

中学校之科目：修身、国语及汉文、外国语、历史、地理、数学、博物、物理及化学、法制及经济、图画、唱歌、体操。

独语（德语）　外国语：英语、独语及佛语。

佛语（法语）　法制及经济、唱歌，得暂缺之。

于各学年各学科目每周教授时数如下表：

学年 / 学科目	第一学年	第二学年	第三学年	第四学年	第五学年
修身	一	一	一	一	一
国语及汉文	七	七	七	六	六
外国语	七	七	七	七	六
历史 地理	三	三	三	三	三
数学	三	三	五	五	四
博物	二	二	二		
物理及化学				四	四
法制及经济					三
图画	一	一	一	一	
唱歌	一	一	一		
体操	三	三	三	三	三
计	二八	二八	三〇	三〇	三〇

丙　高等女学校

（高等女学校令及高等女学校令施行规则参照）

修业年限四年，但依土地之状况，得伸缩一年，或置二年以内之补习科。

高等女学校之科目：修身、国语、外国语、历史、地理、数学、理科、图画、家事、裁缝、音乐、体操。但修业年限短缩之学校缺外国语。

外国语：英语及佛语。

各学年各学科目之每周教授时数如下表：

学科目＼学年	第一学年	第二学年	第三学年	第四学年
修身	二	二	二	二
国语	六	六	五	五
外国语	三	三	三	三
历史 地理	三	三	二	三
数学	二	二	二	二
理科	二	二	二	一
图画	一	一	一	一
家事			二	二
裁缝	四	四	四	四

学年 学科目	第一学年	第二学年	第三学年	第四学年
音　乐	二	二	二	二
体　操	三	三	三	三
教　育				
手　艺				
计	二八	二八	二八	二八

第二　师范教育

（师范教育令参照）

甲　师范学校

（师范学校令师范学校学科及其程度参照）

师范学校男生徒之科目：修身、教育、国语、汉文、历史、地理、数学、物理、化学、博物、习字、图画、音乐、体操。

依土地之情况，加外国语、农业、商业、手工中一科若数科，其加数科目者，依生徒之所长，就中课以一科。

师范学校女生徒之科目：修身、教育、国语、汉文、历史、地理、数学、理科、家事、习字、图画、音乐、体操。

师范学校修业年限：男生徒四年，女生徒三年。

依土地之情况，师范学校置简易科、预备科、小学校教员讲习科、幼稚园保姆讲习科。

师范学校（男生徒）

学科目＼学年	第一学年	第二学年	第三学年	第四学年
修身	二	二	二	二
教育	二	二	三	一七
国语	四	二	二	
汉文		二	二	二
历史	二	二	二	
地理	二	二	一	
数学	四	四	三	二
物理及化学	二	二	三	二
博物	三	二	二	
习字	二	二	一	
图画	二	二	二	一
音乐	一	一	二	二
体操	六	六	六	三
外国语	（二）	（三）	（三）	（三）
农业	（二）	（三）	（三）	（三）
商业	（二）	（三）	（三）	（三）
手工	（二）	（三）	（三）	（三）
计	三四	三四	三四	三八

（女生徒）

学科目＼学年	第一学年	第二学年	第三学年
修身	二	二	二
教育	二	二	前半 四 后半 三二
国语	四	三	三
汉文	二	二	二
历史	二	二	二
地理	二	二	一
数学	三	三	二
理科	六	三	三
家事	二	六	六
习字	二	二	二
图画	二	二	二
音乐	二	二	二
体操	三	三	三
计	三四	三四	三四

乙　高等师范学校

预科、本科、研究科三种。更分本科为四学部。修业年限：预科一年，本科三年，研究科一年。

本科第一学部之科目：伦理、教育学、心理学、国语、汉文、英语、独语（或佛语）、历史、哲学、言语学、生物学、生理学、体操，但随意科加法制、经济、音乐一科若二科。又国语汉文之生徒，不课外国语之全部。课外国语之生徒，不课国语汉文之全部云。

本科第二学部之科目：伦理、教育学、心理学、哲学、地理、历史、法制、经济、英语、生物学、体操，但随意科目加国语、汉文、独语、音乐之一科若数科。

本科第三学部之科目：伦理、教育学、心理学、数学、物理学、化学、哲学、英语、图画、手工、体操，但随意科目加独语、生物学、音乐之一科若数科。

本科第四学部之科目：伦理、教育学、心理学、植物学、动物学、生理学、矿物学、地学、农学、哲学、英语、图画、体操，但随意科目加化学、独语、音乐之一科若数科。

研究科之科目：伦理学、教育学教育制度、行政法、社会学、哲学、美学、实验心理学、学校卫生、专科教育、儿童研究、教育演习。于研究科择修五科目以上，卒业令呈出论文，但教育演习不得缺之。

丙　女子高等师范学校

修业年限四年。

女子高等师范学校之学科，分文科、理科、技艺科。

文科之科目：伦理、教育学、国语、汉文、外国语、历史、地理、家事、体操。前项科目之外，习字、图画、音乐为随意科。

理科之科目：伦理、教育学、国语、外国语、地学、数学、物理、化学、博物、家事、图画、体操。前项科目之外，习字、音乐为随意科。

技艺科之科目：伦理、教育学、国语、外国语、家事、习字、图画、体操。前项科目之外，音乐为随意科。

第三　专门教育

甲　高等学校

（高等学校令及高等学校大学预科学科规程参照）

高等学校大学预科学科分为第一部、第二部及第三部。

第一部之学科，有志法科大学及文科大学者；第二部之学科，志工科大学、理科大学、理工科大学及农科大学者；第三部之学科，志医科大学者习之。

第一部之学科：伦理、国论及汉文、外国语、历史、论理及心理、法学通论、体操。

外国语：英语、独语及佛语之中，选用二种。

第二部之学科：伦理、国语、外国语、数学、物理、化学、地质及矿物、图画、体操。

第三部之学科：伦理、国语、外国语、拉丁语、数学、物理、化学、动物及植物、体操。

各部各学科之每周授业时数如下： 每周授业时数

第一部

学科目＼学年	第一年	第二年	第三年
伦理			一
国语及汉文	六	五	四
英语	（九）	（九）	（八）
独语	（九）	（九）	（八）
佛语	（九）	（九）	（八）
历史	三	三	三
论理及心理		二	
法学通论			二
经济通论			【二】
体操	三	三	三
计	三〇	三一	三一 二九

备考表中（）号选择科目之时数，【】号仅志文科大学者所课时数。

第二部

学科目＼学年	第一年	第二年	第三年
伦理			一
国语	三		
英语	八	七	四
独语或佛语	八	七	四
数学	五	四	六
物理		三	三
化学		三	讲义三 实验二 五
地质及矿物			二
图画	四	四	二
体操	三	三	三
计	三一	三一	三〇

第三部

学年 学科目	第一年	第二年	第三年
伦理			一
国语	三		
独语	一三	一三	一〇
英语或佛语	三	三	三
拉丁语			二
数学	三	二	
物理		三	讲义三 实验三 六
化学		三	讲义三 实验三 六
动物及植物	四	实验 三	
体操	三	三	三
计	二九	三〇	三一

乙　帝国大学

（帝国大学令讲座种类及其数参照）

法科大学

法科大学

第一、本学设下方之二学科：

第一　法律学科

第二　政治学科

第二、法律学科授业科目如下：

英吉利（英国）

佛兰西（法国）

独逸（德国）

宪法、民法、商法、民事诉讼法、破产法、刑法、刑事诉讼法、行政法、国际公法、国际私法、法制史、比较法制史、罗马法、英吉利法、佛兰西法、独逸法、法理学、经济法。

第三、政治学科授业科目如下：

宪法、经济学、经济学史、经济史、财政学、统计学、国法学、政治学、政治史、行政法、国际公法、国际私法、法制史、比较法制史、法理学、民法、商法、刑法总论。

医科大学

医科大学

本学设下方之二学科：

第一　医学科

第二　药学科

医学科之课程为四周年，学生之阶级亦分为四；药学科之课程为三周年，学生之阶级亦分为三。

医学科： 医学科

[第一年]

解剖学	第一期	每周十二时
	第二、三期	每周六时
解剖学实习	第二期	每周十二时
组织学	第一期 第二期	每周二时
组织学实习	第三期	每周七时
生理学	一年间	每周六时
病理总论	第三期	每周五时
病理解剖学实习	时时	

[第二年]

解剖学实习	第一期	每周十二时
（胎生学）	第二期 第三期	每周二时
局处解剖学	第一期 第二期	每周二时
药物学	一年间	每周三时
药物学实习	第三期	每周（六时）
医化学实习	第二期 第三期	每周（六时）
处方学	第二期	每周二时
病理总论	第一期	每周二时

病理解剖学	第一期	每周四时
	第二期	每周六时
病理解剖学实习	第一期 第二期	时时
病理组织学实习	第二期 第三期	每周四时
诊断学	第二期 第三期	每周二时
外科总论	一年间	每周二时
妇人科学	第三期	每周六时
眼科学	第三期	每周二时
内科各论	一年间	每周三时
外科各论	第一、二期	每周二时
	第三期	每周三时

［第三年］

局所解剖学	第一期 第二期	每周二时
内科各论	一年间	每周三时
内科临床讲义	一年间	每周四时
内科外来患者临床讲义	一年间	每周六时
外科各论	第一、二期	每周二时
	第三期	每周三时
外科临床讲义	一年间	每周六时

外科外来患者临床讲义	一年间	每周六时
绷带学实习	第三期	每周（四时）
产科学	第一期	每周五时
产科模型演习	第二期	每周六时
眼科学	第一期	每周一时
	第三期	每周二时
卫生学	第二期 第三期	每周二时
法医学	第二期 第三期	每周二时

［第四年］

内科临床讲义	一年间	每周四时
内科外来患者临床讲义	一年间	每周六时
外科临床讲义	一年间	每周六时
外科外来患者临床讲义	一年间	每周四时
外科手术实习	第三期	每周三时
产科妇人科临床讲义	一年间	每周一时
产科妇人科外来患者临床讲义	一年间	每周（六时）
眼科学	第一期	每周一时
眼科临床讲义	一年间	每周一时
眼科外来患者临床讲义	第二期 第三期	每周六时
检眼镜实习	第一期	每周（六时）

皮肤病学霉毒学及皮肤病霉毒临床讲义	一年间	每周二时
精神病学及精神病临床讲义	一年间	每周二时
卫生学	第一期	每周二时
霉菌学实习	第三期	每周四时
法医学	第一期	每周二时
小儿科临床讲义	一年间	每周一时
小儿科外来患者临床讲义	一年间	每周（六时）

备考：时间中加（）号之学科，一级中分数组，使听讲适宜之学科也；学科中加（）号者，虽听讲而不举行学年试验者。

药学科

药学科：

［第一年］

制药化学	一年间	每周三时
药用植物学	一年间	每周二时
植物解剖学	第一期	每周二时
	第二期	每周一时
分析术实习	第一期	每周卅五时
制药化学实习	第二期 第三期	第周卅时
植物学实习并显微镜用法	第二期 第三期	每周五时

[第二年]

科目	期	时数
生药学	一年间	每周四时
裁判化学	第一期	每周三时
	第二期	每周二时
卫生化学	第二期	每周二时
	第三期	每周四时
植物分析法实习	第一期	每周十二时
生药学实习	第一期	每周五时
	第二、三期	每周卅四时
制药化学实习	第一期	每周十八时

[第三年]

科目	期	时数
有机体攻究法	第一期 第二期	第周二时
调剂学	第一期	每周二时
裁判化学实习	第一期	每周二十时
卫生化学实习	第二期	每周二十时
调剂学实习	第一期	每周十八时
	第二期	每周二十时
药局方使用实习	第三期	每周四十二时
卒业论文		

工科大学

工科大学

本学设下方之九学科，修业之期限各三年。

第一　土木工学科
第二　机械工学科
第三　造船学科
第四　造兵学科
第五　电气工学科
第六　建筑学科
第七　应用化学科
第八　火药学科
第九　采矿及冶金学科

土木工学科

土木工学科：

［第一年］

数学	第一期、第二期	每周三时
应用力学	第一期	每周三时
	第二、三期	每周四时
热机关	一年间	每周一时
机械制造法	一年间	每周一时半
建筑材料	第一期	每周三时
制造冶金学	第一期	每周三时
	第二期	每周二时
地质学	第二期、第三期	每周一时

科目	期	时数
石工学	第一、二期	每周二时
	第三期	每周三时
桥梁	第三期	每周四时半
道路	第二期	每周二时
	第三期	每周一时
测量	第一期 第二期	每周二时
计画制图及实习	第一、二期	每周十八时
	第三期	每周二十时

［第二年］

科目	期	时数
河海工学	第一期	每周三时
	第二期	每周四时
	第三期	每周五时
铁道	一年间	每周三时
桥梁	第一期 第二期	每周三时半
卫生工学	第一期	每周四时半
	第二、三期	每周三时
水力学	第二期	每周一时
	第三期	每周二时
工艺经济学	一年间	每周一时
计画及制图	第一、二期	每周二十一时
	第三期	每周二十二时
实地演习		

[第三年]

科目	期	时数
河海工学	第一期	每周二时
市街铁道	第一期	每周三时
水力机	第一期 第二期	每周一时
地震学	第一期 第二期	每周二时 每周三时
土木行政法	第一期	每周三时
家屋构造	第一期 第二期	每周二时
测地学	第一期 第二期	每周二时
电气工学大意	第一期 第二期	每周二时
计画及制图	第一期 第二期	每周二十时 每周二十七时
实地演习		
卒业计画	第三期	

机械工学科

机械工学科：

[第一年]

科目	期	时数
数学	第一期 第二期	每周三时
力学	一年间	每周一时

科目	期间	时数
应用力学	第一期	每周三时
	第二期	每周二时
	第三期	每周一时
热机关	一年间	每周二时
机械学	一年间	每周一时
水力学	第二期	每周一时
	第三期	每周二时
机械制造法	一年间	每周一时半
造船学大意	△一年间	每周一时半
应用力学制图及演习	一年间	每周二时
计画制图及实验	○第一、二期	每周二十三时
	○第三期	每周二十六时
	△第一期	每周二十二时
	△第二期	每周十四时
	△第三期	每周十七时
造船计画及制图	△第二期、第三期	每周八时

[第二年]

科目	期间	时数
蒸气及热力学	一年间	每周二时
机械几何学及机械力学	一年间	每周一时
舶用机关	第一期	每周一时
	第二、三期	每周二时
	△第二、三期	每周一时半

纺织	○	第二期 第三期	每周一时
机关车	○	第二期 第三期	每周一时
造船学大意	△	第二期 第三期	每周二时
水力机		第一、二期	每周一时
	○	第二、三期	每周一时
电气工学大学		第一期 第二期	每周二时
制造冶金学		第一期	每周三时
		第二、三期	每周二时
火兵及火药		第三期	每周二时
家屋构造	○	第一期 第二期	每周二时
工艺经济学		一年间	每周一时
计画制图及实验	○	第一期	每周二十三时
		第二、三期	每周二十时
	△	第一期	每周二十五时
		第二期	每周二十二时
		第三期	每周二十时
电气工学实验		第三期	每周三时
实地演习			

［第三年］

特别讲义	第三期	每周一时
实地演习	第一期 第二期	
卒业计画及论文	第三期	

时间之上加△印者，专修舶用机关学之机械工学科学生；加○印者，其他之机械工学科学生所课也。

造船学科： 造船学科

［第一年］

数学	第一期 第二期	每周三时
力学	一年间	每周一时
应用力学	第一期 第二期 第三期	每周三时 每周二时 每周一时
热机关	一年间	每周二时
机械学	一年间	每周一时
机械制造法	一年间	每周一时半
制造冶金学	第一期 第二期	每周三时 每周二时
水力学	第二期 第三期	每周一时 每周二时
造船学	一年间	每周五时

应用力学制图及演习	一年间	每周二时
计画及制图	第一、二期	每周八时
	第三期	每周十三时
舶用机关计画及制图	一年间	每周八时

［第二年］

造船学	一年间	每周十时
蒸气	第一期 第二期	每周一时
舶用机关	第一期	每周一时
	第二、三期	每周二时半
水力机	第一期 第二期	每周一时
火兵及火药	第三期	每周二时
电气工学大学	第一期 第二期	每周二时
工艺经济学	一年间	每周一时
计画及制图	第一期	每周二十时
	第二期	每周十九时
	第三期	每周二十一时
实地演习		

［第三年］

造船学	第二期	每周四时半
	第三期	每周三时

计画及制图	第二期	每周三十时
实地演习	第一期	
卒业计画及论文	第三期	

造兵学科： 造兵学科

[第一年]

数学	第一期 第二期	每周三时
力学	一年间	每周一时
应用力学	第一期	每周三时
	第二期	每周二时
	第三期	每周一时
热机关	一年间	每周二时
机械学	一年间	每周一时
火药学	一年间	每周二时
小铳及火炮	一年间	每周二时
水力学	第二期	每周一时
	第三期	每周二时
机械制造法	一年间	每周一时半
冶金学	一年间	每周二时
应用力学制图及演习	一年间	每周二时
化学实验	一年间	每周六时
机械制图	第一、二期	每周十一时
	第三期	每周十四时

[第二年]

科目	期间	时数
炮外弹道学	第一期 第二期	每周二时
火药学	一年间	每周二时
弹丸	第三期	每周二时
炮架及车辆	一年间	每周二时
水雷	第三期	每周二时
蒸气	第一期 第二期	每周一时
电气工学大意	第一期 第二期	每周二时
造船学大意	一年间	每周一时半
铁冶金学	一年间	每周三时
水力机	第一期 第二期	每周一时
化学实验	一年间	每周八时
计画及制图	第一、二期 第三期	每周十四时 每周十六时
实地演习		

[第三年]

科目	期间	时数
水雷	第二期	每周二时
制造冶金学	第二期 第三期	每周二时

特别讲义	第二期	每周二时
射击表编设	第二期	每周二时
计画及制图	第二期	每周二十七时
实地演习	第一期	
卒业计画及论文	第三期	

电气工学科： 电气工学科

［第一年］

数学	第一期 第二期	每周三时
力学	一年间	每周一时
应用力学	第一期 第二期 第三期	每周三时 每周二时 每周一时
热机关	一年间	每周二时
水力学	第二期 第三期	每周一时 每周二时
机械学	一年间	每周一时
电气及磁气	一年间	每周三时
电气及磁气测定法	第三期	每周二时
机械制图	第一期 第二期	每周七时
化学实验	第一期 第二期	每周六时

科目	期间	时数
电气及磁气实验	第一、二期	每周十时
	第三期	每周二十五时

[第二年]

科目	期间	时数
电信及电话	一年间	每周二时
电灯及电力	一年间	每周三时
发电机及电动机	一年间	每周三时
电气及磁气测定法	第一期 第二期	每周二时
电气化学	第二期 第三期	每周二时
蒸气	第一期 第二期	每周一时
水力机	第二期 第三期	每周一时
制造冶金学	第一期	每周三时
工艺经济学	一年间	每周一时
计画及制图	第一、二期	每周七时
	第三期	每周十时
电气工学实验	一年间	每周十五时
实地演习		

[第三年]

科目	期间	时数
特别讲义	第三期	每周一时

实地演习	第一期	
	第二期	
卒业论文	第三期	

建筑学科： 建筑学科

［第一年］

数学	第一期 第二期	每周三时
热机关	一年间	每周一时
应用力学	第一期	每周三时
	第二期	每周二时
	第三期	每周一时
测量	第一期	每周二时
地质学	第二期 第三期	每周一时
应用规矩	第二期 第三期	每周一时半
建筑材料	第一期	每周三时
家屋构造	第一、二期	每周二时
	第三期	每周三时
建筑意匠	第三期	每周一时
建筑历史	第一期	每周二时
	第二、三期	每周三时
日本建筑	第一、二期	每周一时
	第三期	每周二时半

配景法	第一期	每周一时
自在画	一年间	每周三时
应用力学制图及演习	一年间	每周二时
测量实习	第一期	每周四时
制图及配量图	第一期	每周九时
计画及制图	第二期 第三期	每周十七时

［第二年］

卫生工学	第一期	每周二时
	第二期	每周三时半
	第三期	每周一时半
装饰法	第一期	每周一时半
日本建筑	一年间	每周一时半
水力学	第二期	每周一时
	第三期	每周二时
建筑意匠	第一期	每周三时
	第二期	每周二时
	第三期	每周一时半
施工法	第二期	每周二时
	第三期	每周一时半
建筑条例	第二期 第三期	每周一时半
制造冶金学	第一期	每周三时
	第二、三期	每周二时

美学	一年间	每周二时
自在画	一年间	每周三时
装饰画	一年间	每周四时
计画及制图	第一期	每周十七时
	第二期	每周十四时
	第三期	每周十六时
实地演习		

［第三年］

地震学	第一期	每周二时
	第二期	每周三时
装饰画	第一期	每周六时
	第二期	每周四时
自在画	第一期 第二期	每周三时
计画及制图	第一期 第二期	每周二十五时
实地演习		
卒业计画	第三期	

应用化学科：　　应用化学科

［第一年］

无机化学	第一期 第二期	每周三时

有机化学	第一期 第二期	每周三时
化学史	第三期	每周三时
制造化学	第二期 第三期	每周二时 每周五时
冶金学	一年间	每周二时
矿物学	第一期	每周三时
热机关	一年间	每周一时
机械学	一年间	每周一时
水力学	第二期 第三期	每周一时 每周二时
应用力学	一年间	每周一时
家屋构造	第一期 第二期	每周二时
化学分析实验	第一期 第二期 第三期	每周二十一时 每周二十时 每周十三时
矿物识别	第二期 第三期	每周一时
计画及制图	第三期	每周八时

[第二年]

制造化学	一年间	每周九时
电气化学	第二期 第三期	每周二时

冶金学	第一期 第二期	每周四时
电气工学大意	第一期 第二期	每周二时
火药学大意	一年间	每周一时
化学分析实验	第一期	每周二十一时
工业分析实验	第二期	每周十九时
制造化学实验	第三期	每周十七时
计画及制图	第三期	每周八时
实地演习		

[第三年]

制造化学	第一期 第二期	每周九时
制造冶金学	第一期 第二期	每周三时 每周二时
试金术	第一期	每周二时
制造化学实验	第一期	每周十三时
试金实习	第一期	每周四时
计画及制图	第一期	每周六时
实地演习		
研究及卒业论文	第二期 第三期	

火药学科

火药学科：

[第一年]

数学	第一期 第二期	每周三时
力学	一年间	每周一时
应用力学	一年间	每周一时
机械学	一年间	每周一时
热机关	一年间	每周一时
火药学	一年间	每周二时
小铳及火炮	一年间	每周二时
无机化学	第一期 第二期	每周三时
有机化学	第一期 第二期	每周三时
制造化学	第二期 第三期	每周二时 每周五时
水力学	第二期 第三期	每周一时 每周二时
化学分析试验	第一期 第二期 第三期	每周二十时 每周十七时 每周十四时
机械制图	第三期	每周八时

[第二年]

火药学	一年间	每周二时
炮外弹道学	第一期 第二期	每周二时
弹丸	第三期	每周二时
炮架及车辆	一年间	每周二时
水雷	第三期	每周二时
制造化学	一年间	每周三时
电气工学大意	第一期 第二期	每周二时
制造冶金学	第一期 第二、三期	每周三时 每周二时
家屋构造	第一期 第二期	每周二时
化学分析实验	第一期	每周十六时
工业分析实验	第二期	每周十七时
制造化学实验	第三期	每周十七时
计画及制图	第一、二期 第三期	每周五时 每周七时
实地演习		

[第三年]

水雷	第二期	每周二时
特别讲义	第二期	每周四时

制造化学实验	第二期	每周十八时
计画及制图	第二期	每周八时
实地演习	第一期	
卒业计画及论文	第三期	

采矿及冶金学科

采矿及冶金学科：

［第一年］

矿物学	第一期	每周三时
地质学	第二期 第三期	每周二时
采矿学	一年间	每周四时
冶金学	一年间	每周二时
测量	第一期	每周二时
矿山测量	第二期 第三期	每周二时
家屋构造	第一期 第二期	每周二时
热机关	一年间	每周一时
机械学	一年间	每周一时
应用力学	一年间	每周一时
矿物及岩石识别	第二期 第三期	每周二时
化学分析实验	一年间	每周九时
测量实习	一年间	每周四时

科目	期间	时数
矿山测量实习		
计画及制图	第一期	每周八时
	第二期	每周七时
	第三期	每周八时

［第二年］

科目	期间	时数
冶金学	一年间	每周四时
铁冶金学	一年间	每周三时
采矿学	一年间	每周二时
选矿学	一年间	每周二时
水力学	第二期	每周一时
	第三期	每周二时
机械制造法	一年间	每周一时半
电气工学大意	第一期 第二期	每周二时
试金术	第一期 第二期	每周二时
试金实习	一年间	每周四时
吹管分析	第一、二期	每周二时
	第三期	每周三时
矿物及岩石识别	第一期	每周二时
化学分析实验	第一、二期	每周十三时
	第三期	每周十五时
实地演习		

［第三年］

科目	学期	时数
矿床学	第二期 第三期	每周三时
制造冶金学	第二期 第三期	每周二时
矿山法律	第二期 第三期	每周二时
冶金实验	第二期	每周六时
工学实验	第二期	每周三时
采矿计画	第二期 第三期	每周六时 每周九时
冶金计画	第二期 第三期	每周六时 每周九时
铁冶金计画	第二期 第三期	每周六时 每周九时
实地演习	第一期	
卒业论文	第一期 第二期	

文科大学

文科大学

本学设下方之九学科，修业年限各三年。

第一　哲学科

第二　国文学科

第三　汉学科

第四　国史科
第五　史学科
第六　言语学科
第七　英文学科
第八　独逸文学科
第九　佛兰西文学科

哲学科：　　哲学科

[第一年]

哲学概论	第一期	每周四时
西洋哲学史	第二、二期	每周五时
论理学及认识论	一年间	每周三时
社会学	一年间	每周三时
东洋哲学（佛教哲学）	一年间	每周二时
英语*	一年间	每周三时
佛兰西语*	一年间	每周三时
独逸语*	一年间	每周三时

*印之三课目，选二课习之。

[第二年]

西洋哲学史	一年间	每周三时
东洋哲学史	一年间	每周二时
东洋哲学（支那哲学）	一年间	每周一时
论理学及认识论	一年间	每周三时

心理学	一年间	每周三时
心理学实验	一年间	每周一回
伦理学	一年间	每周三时
英语＊	一年间	每周三时
佛兰西语＊	一年间	每周三时
独逸语＊	一年间	每周三时

＊印之三课目，选二课目习之。

［第三年］

哲学	一年间	每周二时
东洋哲学史	一年间	每周二时
东洋哲学（支那哲学）	一年间	每周二时
哲学演习	一年间	每周三时
美学	一年间	每周二时
教育学	一年间	每周二时
英语＊	一年间	每周三时
佛兰西语＊	一年间	每周三时
独逸语＊	一年间	每周三时

＊印之三课目，选二课目习之。

随意科目（选修科）

随意科目：

［第一年］

伦理学　心理学（概论）　汉文学　生理学　动物学　地质学　拉丁语　希腊语　梵语

［第二年］

东洋哲学（佛教哲学）　宗教学　社会学　人类学　精神病学　梵语　拉丁语　希腊语

［第三年］

伦理学　心理学　社会学　经济学　国际公法　法理学　梵语　希腊语

国文学科：

国文学科

［第一年］

国语学	一年间	每周三时
国文学	一年间	每周三时
汉文学	一年间	每周三时
哲学概论	第一期	每周四时
西洋哲学史	第二、三期	每周五时
声音学	一年间	每周一时
英语＊	一年间	每周三时
佛兰西语＊	一年间	每周三时
独逸语＊	一年间	每周三时

＊印之三课目中，选二课目习之。

［第二年］

国语学	一年间	每周二时
国文学	一年间	每周二时
国文学史	一年间	每周二时

汉文学	一年间	每周三时
言语学	一年间	每周二时
国史	一年间	每周三时
东洋哲学（支那哲学）	一年间	每周二时
英语＊	一年间	每周三时
佛兰西语＊	一年间	每周三时
独逸语＊	一年间	每周三时

＊印之三课目中，选二课目习之。

［第三年］

国语学	一年间	每周二时
国文学	一年间	每周二时
国文学史	一年间	每周二时
汉文学	一年间	每周三时
美学	一年间	每周二时
美术史	一年间	每周二时
东洋哲学（佛教哲学）	一年间	每周二时
国史	一年间	每周三时
教育学	一年间	每周二时
英语＊	一年间	每周三时
佛兰西语＊	一年间	每周三时
独逸语＊	一年间	每周三时

＊印之三课目中，选一课目习之。

随意科目：

［第一年］

国史　支那史　史学　法制史　心理学　拉丁语　希腊语　梵语

［第二年］

支那史　史学　法制史　西洋文学史（近世）　社会学　宗教学　拉丁语　希腊语　梵语　支那语　东洋哲学（佛教哲学）　论理学及认识论

［第三年］

西洋文学史（古代）　梵语　支那语　朝鲜语　伊太利语　露西亚语　倭奴语　伦理学　论理学及认识论

伊太利语（意大利语）露西亚语（俄罗斯语）

汉学科：

汉学科

［第一年］

			（经）	（史）	（文）
哲学概论	第一期 一年间	每周 每周	一	二时	一
西洋哲学史	第二、三期	每周	五时	一	五时
东洋哲学史（支那哲学）	一年间	每周	六时	一	三时
史学研究法	一年间	每周	一	二时	一
支那史	一年间	每周	一	六时	一
支那法制史	一年间	每周	一	三时	一

年代学	一年间	每周	一	一时	一
支那语	一年间	每周	二时	二时	二时
汉文学	一年间	每周	二时	一	五时
声音学	一年间	每周	一	一	一时
英语 *	一年间	每周	三时	三时	三时
佛兰西语 *	一年间	每周	三时	三时	三时
独逸语 *	一年间	每周	三时	三时	三时

* 印之三课目中，选二课目习之。

经者，经学之专修者；史者，史学之专修者；文者，文学之专修者，以下仿此。

[第二年]

			(经)	(史)	(文)
东洋哲学史	一年间	每周	二时	二时	二时
东洋哲学（支那哲学）	一年间	每周	六时	二时	四时
支那史	一年间	每周	一	六时	一
支那法制史	一年间	每周	一	二时	一
史学	一年间	每周	一	三时	一
支那语	一年间	每周	一	一	二时
汉文学	一年间	每周	二时	二时	五时
心理学	一年间	每周	三时	一	三时
论理学及认识论	一年间	每周	三时	一	一
英语 *	一年间	每周	三时	三时	三时
佛兰西语 *	一年间	每周	三时	三时	三时

独逸语＊	一年间	每周	三时	三时	三时

＊印之三课目中，选二课目习之。

［第三年］

			（经）	（史）	（文）
东洋哲学史	一年间	每周	二时	二时	二时
东洋哲学（支那哲学）	一年间	每周	六时	二时	二时
东洋哲学（佛教哲学）	一年间	每周	二时	二时	一
支那史	一年间	每周	二时	六时	二时
支那法制史	一年间	每周	一	二时	一
支那语	一年间	每周	一	一	二时
汉文学	一年间	每周	一	一	五时
伦理学	一年间	每周	三时	一	一
美学	一年间	每周	一	一	二时
美术史	一年间	每周	一	一	二时
教育学	一年间	每周	二时	二时	二时
英语＊	一年间	每周	三时	三时	三时
佛兰西语＊	一年间	每周	三时	三时	三时
独逸语＊	一年间	每周	三时	三时	三时

＊印之三课目中，经学及史学之专修者选二课目，文学之专修者选一课目习之。

随意科目：

［第一年］

国史　法制史　支那史　支那法制史　国文学　史学　地理学　心理学　论理学及认识论　东洋哲学（支那哲学）

［第二年］

西洋哲学史　比较法制史　人类学　东洋哲学（佛教哲学）　伦理学　论理学及认识论　宗教学　社会学　国史　支那史　国文学　支那语

［第三年］

国史　哲学　史学　社会学　心理学　宗教学　国文学　言语学　西洋文学史　支那语　朝鲜语　梵语　露西亚语

国史科

国史科：

［第一年］

国史及地理	一年间	每周六时
法制史	第二、三期	每周二时
支那史及支那法制史	一年间	每周三时
史学研究法	一年间	每周二时
年代学	一年间	每周一时
古文书学	一年间	每周二时
哲学概论	一年间	每周二时
英语 *	一年间	每周三时

佛兰西语＊	一年间	每周三时
独逸语＊	一年间	每周三时

＊印之三课目中，选二课目习之。

［第二年］

国史及地理	一年间	每周六时
法制史	一年间	每周三时
支那史及支那法制史	一年间	每周三时
史学	一年间	每周三时
古文书学	一年间	每周一时
英语＊	一年间	每周三时
佛兰西语＊	一年间	每周三时
独逸语＊	一年间	每周三时

＊印之三课目中，选二课目习之。

［第三年］

国史	一年间	每周六时
法制史	一年间	每周三时
支那史及支那法制史	一年间	每周二时
史学	一年间	每周二时
教育学	一年间	每周二时
英语＊	一年间	每周三时
佛兰西语＊	一年间	每周三时
独逸语＊	一年间	每周三时

＊印之三课目中，选二课目习之。

随意科目：

［第一年］

国文学　汉文学　地理学　言语学　比较法制史

［第二年］

国文学　汉文学　人类学　社会学　东洋哲学　宗教学

［第三年］

美学　美术史　东洋哲学　经济学　财政学　法理学　伊太利语　和兰语　支那语　朝鲜语　倭奴语

史学科　史学科：

［第一年］

史学及地理学	一年间	每周七时
国史	一年间	每周三时
支那史及支那法制史	一年间	每周三时
古文书学	一年间	每周二时
年代学	一年间	每周一时
哲学概论	一年间	每周二时
英语＊	一年间	每周三时
佛兰西语＊	一年间	每周三时
独逸语＊	一年间	每周三时

＊印之三课目中，选二课目习之。

［第二年］

史学及地理	一年间	每周七时
国史	一年间	每周三时
支那史及支那法制史	一年间	每周三时
古文书学	一年间	每周一时
英语＊	一年间	每周三时
佛兰西语＊	一年间	每周三时
独逸语＊	一年间	每周三时

＊印之三课目中，选二课目习之。

［第三年］

史学及地理学	一年间	每周七时
国史	一年间	每周二时
支那史及支那法制史	一年间	每周二时
教育学	一年间	每周二时
英语＊	一年间	每周三时
佛兰西语＊	一年间	每周三时
独逸语＊	一年间	每周三时

＊印之三课目中，选二课目习之。

随意科目（三年间）：

国文学　汉文学　言语学　社会学　人类学　宗教学　经济学　财政学　国际公法　法理学　美学　东洋哲学　法制史　比较法制史　美术史　伊太利语　和兰语　露西

亚语　朝鲜语　支那语　拉丁语　希腊语　梵语

言语学科

言语学科：

［第一年］

言语学	一年间	每周二时
国语学	一年间	每周二时
拉丁语	一年间	每周三时
希腊语	一年间	每周二时
独逸语	一年间	每周三时
佛兰西语学	一年间	每周三时
人类学	一年间	每周三时
哲学概论	一年间	每周二时

［第二年］

言语学	一年间	每周一时
声音学	一年间	每周一时
肉门司语及邱多尼克语比较文法	一年间	每周二时
国语学	一年间	每周二时
支那语	一年间	每周三时
罗甸语	一年间	每周三时
独逸语	一年间	每周三时
梵语	一年间	每周二时

第三年

印度欧罗巴语比较文法	一年间	每周二时
言语学演习	一年间	每周二时
支那语	一年间	每周三时
朝鲜语	一年间	每周三时
罗甸语	一年间	每周三时
梵语	一年间	每周二时
教育学	一年间	每周二时

随意科目（三年间）：

论理学及认识论　心理学　史学　国史　支那史　社会学　东洋哲学　宗教学　国语学　英语　佛兰西语　伊太利语　独逸语　和兰语　希腊语　露西亚语　倭奴语　马来语　满州语　国文学史　汉文学　西洋文学史

英文学科： 英文学科

［第一年］

哲学概论	第一期	每周四时
西洋哲学史	第二、三期	每周五时
英语	一年间	每周九时
罗甸语	一年间	每周三时
独逸语	一年间	每周三时
史学 *	一年间	每周三时
佛兰西语 *	一年间	每周三时

＊印之二课目中，选一课目习之。

［第二年］

东洋哲学史	一年间	每周二时
声音学	一年间	每周一时
肉门司语及邱多尼克语比较文法	一年间	每周二时
英语	一年间	每周九时
拉丁语	一年间	每周三时
独逸语	一年间	每周三时
佛兰西语	一年间	每周三时

［第三年］

英语	一年间	每周九时
美学	一年间	每周二时
美术史	一年间	每周二时
国文学＊	一年间	每周三时
汉文学＊	一年间	每周三时
罗甸语	一年间	每周三时
西洋文学史（近世）	一年间	每周二时
教育学	一年间	每周二时

＊印二者之中，选一课目习之。

随意科目（三年间）：

史学　国史　支那史　论理学及认识论　心理学　社

会学　人类学　言语学　印度欧罗巴语比较文法　国语学　希腊语　梵语　独逸语　佛兰西语　伊太利语　和兰语　露西亚语　国文学　汉文学　西洋文学史（古代）

独逸文学科：

［第一年］

哲学概论	第一期	每周四时
西洋哲学史	第二、三期	每周五时
独逸语	一年间	每周九时
拉丁语	一年间	每周三时
英语	一年间	每周三时
史学＊	一年间	每周三时
佛兰西语＊	一年间	每周三时

＊印二者之中，选一课目习之。

［第二年］

东洋哲学史	一年间	每周二时
声音学	一年间	每周一时
肉门司语及邱多尼克语比较文法	一年间	每周二时
独逸语	一年间	每周九时
罗甸语	一年间	每周三时
英语	一年间	每周三时
佛兰西语	一年间	每周三时

［第三年］

独逸语	一年间	每周九时
美学	一年间	每周二时
美术史	一年间	每周二时
国文学＊	一年间	每周三时
汉文学＊	一年间	每周三时
罗甸语	一年间	每周三时
西洋文学史（近世）	一年间	每周二时
教育学	一年间	每周一时

＊印二者之中，选一课目习之。

随意科目（三年间）：

史学　国史　支那史　论理学及认识论　心理学　社会学　人类学　言语学　印度欧罗巴语比较文法　国语学　希腊语　梵语　英语　佛兰西语　伊太利语　和兰语　露西亚语　国文学　汉文学　西洋文学史（古代）

佛兰西文学科

佛兰西文学科：

［第一年］

哲学概论	第一期	每周四时
西洋哲学史	第二、三期	每周五时
佛兰西语	一年间	每周九时
罗甸语	一年间	每周三时
史学＊	一年间	每周三时

英语	一年间	每周三时
独逸语 *	一年间	每周三时

* 印二者之中，选一课目习之。

[第二年]

东洋哲学史	一年间	每周二时
声音学	一年间	每周一时
肉门司语及邱多尼克语比较文法	一年间	每周二时
佛兰西语	一年间	每周九时
拉丁语	一年间	每周三时
英语	一年间	每周三时
独逸语	一年间	每周三时

[第三年]

佛兰西语	一年间	每周九时
美学	一年间	每周二时
美术史	一年间	每周二时
国文学 *	一年间	每周三时
汉文学 *	一年间	每周三时
拉丁语	一年间	每周三时
西洋文学史（近世）	一年间	每周二时
教育学	一年间	每周二时

* 印二者之中，选一课目课之。

随意科目（三年间）：

史学　国史　支那史　论理学及认识论　心理学　社会学　人类学　言语学　印度欧罗巴语比较文法　国语学　希腊语　梵语　英语　独逸语　伊太利语　和兰语　露西亚语　国文学　汉文学　西洋哲学史（古代）

理科大学

理科大学

本学设左方之八学科，修业期限各三年。

第一　数学科

第二　星学科

第三　理论物理学科

第四　实验物理学科

第五　化学科

第六　动物学科

第七　植物学科

第八　地质学科

数学科

数学科：

［第一年］

微分积分	第一期	每周六时
	第二、三期	每周五时
几何学	第一期	每周四时
	第二、三期	每周二时

代数学初步	第三期	每周二时
星学及最小二乘法	一年间	每周三时
理论物理学初步	第二、三期	每周四时
理论物理学演习	第二、三期	每周一回
数学演习	一年间	每周二回午后

［第二年］

函数论	一年间	每周三时
几何学	一年间	每周二时
部分微分方程式论	第一、二期	每周二时
代数学及整数论	第二、三期	每周四时
力学	一年间	每周三时
球函数(随意)	第一期	每周二时
Potential(随意)	第二期	每周二时
物理学实验	一年间	每周二回午后

［第三年］

函数论	一年间	每周三时
几何学	一年间	每周二时
代数学及整数论	第二、三期	每周四时
力学	一年间	每周三时
高等数学杂论(随意)	第二、三期	每周二时
数学研究(随意)	一年间	每周一回

星学科

星学科：

[第一年]

微分积分	第一期	每周六时
	第二、三期	每周五时
几何学	第一期	每周四时
数学演习	一年间	每周二回
理论物理学初步	第二、三期	每周四时
理论物理学演习	第二、三期	每周一回
星学及最小二乘法	一年间	每周三时
物理学实验	一年间	每周三回

[第二年]

球面星学	一年间	每周一时
实地星学	一年间	每周二时
星学实验		
力学	一年间	每周三时
部分微分方程式论	第一、二期	每周二时
函数论	一年间	每周三时
光学	第一、二期	每周二时
	第三期	每周三时
球函数论(随意)	第一期	每周二时
Potential(随意)	第二期	每周二时
应用力学(随意)	第二、三期	每周一时
物理学实验	一年间	每周三回

[第三年]

力学	一年间	每周三时
天体力学	一年间	每周三时
天体物理学	一年间	每周一时
星学实验		
函数论(随意)		

理论物理学科: 理论物理学科

[第一年]

微分积分	一年间	每周五时
演习	一年间	每周二回
几何学	第一期	每周四时
	第二、三期	每周二时
力学	第二、三期	每周四时
演习	一年间	每周一回
天文学	一年间	每周三时
物理学实验	一年间	每周三回

[第二年]

物理学	一年间	每周五时
力学	一年间	每周三时
微分方程式论 椭圆函数论	一年间	每周三时
Potential 论	一年间	每周一时

球函数	一年间	每周一时
物理学实验	一年间	每周三回
数理结晶学	一年间	每周一时
物理化学	一年间	每周三时

［第三年］

物理学	一年间	每周五时
力学	一年间	每周三时
函数论	一年间	每周三时
气体论	第一期	每周二时
毛管作用论	第一期	每周一时
音论	第二、三期	每周一时
电磁光学论	第三期	每周二时
理论物理学演习	一年间	每周二回

实验物理学科

实验物理学科：

［第一年］

微分积分	一年间	每周五时
演习	一年间	每周二回
几何学	第一期	每周四时
	第二、三期	每周二时随意
力学	第二、三期	每周四时
演习	一年间	每周一回
天文学	一年间	每周三时

物理学实验	一年间	每周三时

［第二年］

物理学	一年间	每周五时
力学	第一期	每周三时
应用力学	第二、三期	每周三时
物理实验法最小二乘法	第二、三期	每周二时
物理化学	一年间	每周三时
化学实验	一年间	每周三回
球函数(随意)	一年间	每周一时

［第三年］

物理学	一年间	每周五时
应用电气学	一年间	每周三时
物理学实验	一年间	每周四回
星学实验	一年间	每周一回
物理星学	一年间	每周一时
地震学及测地学(随意)	一年间	每周一时

化学科：　　化学科

［第一年］

无机化学	一年间	每周三时
分析化学	第二、三期	每周三时
化学实验		

微分积分(随意)	第一期	每周六时
	第二期	每周五时
数学演习(随意)	第一期 第二期	每周一回午后

[第二年]

物理学	一年间	每周三时
物理学实验	一年间	每周二回午后
无机化学	一年间	每周三时
有机化学	第一、二期	每周三时
	第三期	每周五时
应用化学	一年间	每周二时
化学实验		

[第三年]

理论及物理化学	一年间	每周三时
应用化学	一年间	每周二时
化学平衡论	第三期	每周二时
化学实验		

动植物学科

动植物学科:

[第一年]

普通动物学	一年间	每周三时
骨骼学	第二期 第三期	每周一时

动物学实验	一年间	每周十时
普通植物学	一年间	每周三时
植物识别及解剖实验	一年间	每周十时
地质学	一年间	每周三时
生理化学及实验	第一期	每周三时
矿物及岩石实验	第二期 第三期	每周二时

［第二年］

特别问题(随意)	时时	每周二时
植物分类学	一年间	每周四时
植物解剖及生理实验	一年间	每周十时
有脊动物比较解剖	一年间	每周三时
组织学及发生学实验	一年间	每周十二时
生理学	一年间	每周三时
古生物学	一年间	每周二时
临海实验		

动物学科: 动物学科

［第三年］

特别问题	时时	每周二时
实地研究		
寄生动物学	第一期	每周二时
Bacteria. 学实验	第二期	每周二回午后

人类学	一年间	每周二时

植物学科

植物学科：

［第三年］

植物生理学	第一期	每周二时
植物学实验	一年间	每周二十时以上
Bacteria. 学实验	第二期	每周二回午后

地质学科

地质学科：

［第一年］

地质学	一年间	每周三时
矿物学	一年间	每周二时
岩石学	一年间	每周二时
普通动物学	一年间	每周三时
骨骼学	第二期 第三期	每周一时
动物学实验	一年间	每周四时
化学实验	一年间	每周二回午后
岩石学实验	一年间	每周二回午后
矿物学实验	一年间	每周二时
地质巡验		

［第二年］

古生物学	一年间	每周二时

古生物学实验	一年间	每周三时
晶象学	一年间	每周二时
晶象学实验	一年间	每周二回午后
植物学	一年间	每周四时
植物学实验	一年间	每周三时
物理学(随意)	一年间	每周三时
地质学实验		
地质巡验		

[第三年]

地质学丛谈	时时	
地质学及矿物学研究		
矿床学	第二期 第三期	每周三时
地震学(随意)	第一期	每周二时
人类学(随意)	一年间	每周二时

以上诸学科之外，理科大学，特为分科大学学生及工科大学土木工学科及建筑学科学生等，开地震学之讲义；为文科大学史学科及言语学科学生等，开人类学之讲义。

地震学	第一期	每周二时
人类学大意	一年间	每周二时

农科大学

农科大学

本学设下方四学科，修业年限各三年。

第一　农学科

第二　农艺化学科

第三　林学科

第四　兽医学科

农学科

农学科：

［第一年］

科目	学期	时数
地质学	第一期、第二期	每周三时
土壤学	第三期	每周三时
气象学	第二期、第三期	每周二时
植物生理学	第一期	每周五时
	第二期	每周四时
	第三期	每周二时
植物病理学	一年间	每周二时
动物生理学	一年间	每周三时
昆虫学	一年间	每周三时
肥料	一年间	每周二时
农艺物理学	一年间	每周二时
经济学	一年间	每周二时
植物学实验	一年间	

动物学实验	一年间	
农艺化学实验	一年间	每周二回半日
农场实习	一年间	

[第二年]

作物	一年间	每周五时
土地改良论	第一期 第二期	每周二时
园艺学	第一、二期	每周四时
	第三期	每周三时
畜产学	一年间	每周三时
家畜饲养论	第一期 第二期	每周三时
酪农论	第三期	每周三时
养蚕论	一年间	每周二时
法学通论	一年间	每周二时
农业经济	第三期	每周三时
植物学实验	第一期 第二期	
动物学实验	第一期 第二期	
农学实验	一年间	

［第三年］

科目	期间	时数
作物	第一期	每周三时
农产制造学	一年间	每周三时
农业经济	第一期	每周二时
	第二期	每周三时
兽医学大意	第一期、第二期	每周三时
林学大意(随意)	第一期、第二期	每周三时
养鱼论(随意)	第一期	每周四时
农政学	一年间	每周三时
财政学	一年间	每周二时
昆虫生理(随意)	第一期、第二期	每周二时
农学实验	一年间	
卒业论文	第三期	

农艺化学科

农艺化学科：

［第一年］

科目	期间	时数
有机化学	一年间	每周二时
分析化学	第一期、第二期	每周二时
地质学	第一期、第二期	每周三时

土壤学	第三期	每周三时
气象学	第二期 第三期	每周二时
植物生理学	第一期 第二期 第三期	每周五时 每周四时 每周二时
动物生理学	一年间	每周三时
肥料	一年间	每周二时
农艺物理学	一年间	每周二时
经济学(随意)	一年间	每周二时
农艺化学实验	一年间	

[第二年]

作物	一年间	每周五时
土地改良论	第一期 第二期	每周二时
生理化学	第一期 第二期	每周三时
发酵化学	第三期	每周四时
家畜饲养论	第一期 第二期	每周三时
酪农论	第三期	每周三时
养蚕论(随意)	一年间	每周二时
农业经济	第三期	每周三时

农艺化学实验	一年间	

[第三年]

化学原论	一年间	每周二时
作物	第一期	每周三时
农业制造学	一年间	每周三时
食物及嗜好品	第三期	每周三时
农业经济	第一期	每周二时
	第二期	每周三时
农政学(随意)	一年间	每周二时
农艺化学实验	一年间	
卒业论文	第三期	

林学科

林学科：

[第一年]

森林数学	一年间	每周二时
地质学及土壤学	一年间	每周三时
气象学	第二期 第三期	每周二时
森林物理学	一年间	每周二时
最小二乘法及力学	第一期 第二期	每周二时
森林植物学	一年间	每周二时
植物生理学	一年间	每周二时

森林动物学	一年间	每周三时
林学通论	一年间	每周二时
森林测量	一年间	每周二时
造林学	第三期	每周二时
经济学	一年间	每周二时
植物学实验	一年间	
动物学实验	一年间	
森林测量实习	一年间	
造林学实习	第三期	
实地演习		

[第二年]

森林数学	第一期	每周二时
树病学	第一期	每周三时
森林化学	一年间	每周二时
森林利用学	一年间	每周二时
森林道路	第一期 第二期	每周二时
造林学	一年间	每周二时
森林保护学	第一期 第二期	每周二时
森林经理学	第二期 第三期	每周二时
森林管理	第一期 第二期	每周二时

法学通论	一年间	每周二时
森林法律学	第三期	每周三时
林政学	第三期	每周三时
财政学	一年间	每周二时
森林理水及砂防工	一年间	每周三时
林学通论	一年间	每周一时
森林化学实验	第一期 第二期	
造林学实习	第三期	
森林道路实习	第三期	

[第三年]

森林利用学	第一期 第二期	每周三时
造林学	第一期 第二期	每周三时
森林经理学	第一期 第二期	每周二时
森林法律学	第一期 第二期	每周三时
林政学	第一期 第二期	每周三时
养鱼论(随意)	第一期 第二期	每周二时

农学大意(随意)	第一期 第二期	每周二时
狩猎术(随意)	第一期 第二期	每周二时
实地演习		
卒业论文	第三期	

兽医学科: 兽医学科

[第一年]

解剖学	第一期	每周七时
	第二、三期	每周六时
生理学	一年间	每周六时
组织学	一年间	每周三时
病理通论	第二期 第三期	每周三时
外科手术学	第二期 第三期	每周三时
蹄铁法	一年间	每周二时
解剖学实习	第一期 第二期	每周十二时
组织学实习	第三期	每周十时
蹄铁法实习	第三期	每周四时

［第二年］

解剖学	第一期	每周四时
	第二期	每周五时
生理学	第一期 第二期	每周二时
家畜饲养论	第一期 第二期	每周三时
酪农论	第三期	每周三时
病理通论	第一期	每周三时
药物学	一年间	每周三时
外科学	一年间	每周四时
内科学	一年间	每周四时
病体解剖学	第三期	每周三时
寄生动物学	第三期	每周二时
蹄病论	第二期 第三期	每周二时
乳肉检查法	第三期	每周二时
调剂法实习	第三期	每周六时
解剖学实习	第一期 第二期	每周十二时
外科手术实习	第一期 第二期	每周三时

科目	期间	时数
蹄铁法实习	第一期	每周四时
	第二期	
家畜病院实习及内外科诊断法	第三期	每周十二时

［第三年］

科目	期间	时数
畜产学	一年间	每周三时
病体解剖学	第一期	每周三时
寄生动物学	第一期	每周三时
皮肤病论	第一期	每周一时
	第二期	
马学	一年间	每周三时
动物疫论	第一期	每周二时
	第二、三期	每周三时
产科学	第一期	每周三时
	第二期	
眼科学	第一期	每周一时
	第二期	
卫生学	第一期	每周三时
	第二期	每周四时
	第三期	每周二时
胎生学	第一期	每周二时
	第二期	
兽医警察法	第三期	每周三时

法医学	第三期	每周三时
霉菌学	第二期 第三期	每周二时 每周三时
病体解剖学实习	第一期 第二期	临时
病体组织学及霉菌学实习	第二期 第三期	每周三时
乳肉检查法实习	第一期	每周四时
家畜病院实习及内外科诊断法	一年间	每周十二时

丙　医学专门学校

本校置医学科及药学科。

医学科之修业年限为四学年，药学科为三学年。

医学科药学科之各学科课程及授业时数如下表。但在下表中，医学科以伦理学、独逸语、物理学、化学、体操，药学科以伦理学、独逸语、矿物学、物理学、体操为副科。

医学科学科课程表

学科	学年／学期／程度	第一学年			第二学年			第三学年			第四学年		
		一学期	二学期	三学期	一学期	二学期	三学期	一学期	二学期	三学期	一学期	二学期	三学期
解剖学	理论	八	八	八									
	实习				五	五	二						
	局所解剖学				四								
	组织学理论	二	二	二									
	组织学实习并显微镜用法				三	三	三						
	胎生学					一	二						
生理学	理论及实验			七	七	七							
病理学	理论				五	二							
	病理解剖学					二	五						
	病理解剖学实习										时时	时时	时时
	病理组织学实习							二	四				
药物学	理论及实验处方学					二	六						
	调剂实习							二					
内科学	理论							三	三	三	三	三	三
	临床实习							七	七	七	八	八	八
	精神病学											二	二
	儿科学									三			
	诊断学				二	二	二						

外科学	总论				三	三	三						
	各论							三	三	三	三	三	三
	临床实习							七	七	七	八	八	八
	皮肤病及花柳病学							二	二				
	绷带实习						二						
	手术实习									二			
眼科学	理论并捡眼镜用法							四	四	二			
	临床实习									四	二	二	二
产科学妇人科学	产科学理论										三	三	三
	妇人科学理论							二	二	二			
	产科妇人科临床实习并产科模型演习										三	三	三
卫生学	理论及实习										二	二	二
	细菌学理论					二	二						
	细菌学实习							二	二				
法医学	理论										三	一	
伦理学		一	一	一									
独逸语		一〇	一〇	四	四	四	四	四	四	四	四	四	四
物理学		三	三										
化学		五	五	五									
体操		三	三	三									
计		三二	三二	三〇	三三	三三	三一	三八	三八	三七	三九	三九	三七

备考　此表由明治三十四年九月入学者施行，但同年同月现在第二学年以上之生徒，至其卒业旧规程斟酌本表之课程课之。

药学科学科课程表										
学科	学年／学期／程度	第一学年			第二学年			第三学年		
		一学期	二学期	三学期	一学期	二学期	三学期	一学期	二学期	三学期
化学	理论及实验	六	六	九						
药用植物学	理论	二	二	六						
	实习及检微镜用法		二	五	三					
分析学	理论		三	三	三	三				
	实习				九	九	九			
卫生化学	理论						四			
	实习						二	六	六	六
	细菌学理论及实习							一	一	一
裁判化学	理论							二	一	
	实习							二	四	四
生药学	理论				六	三				
	实习				二	四				
药局方	日本药局方外国药局方要领						三			
调剂学	理论					三				
	实习					二	三	三	四	
制药化学	理论				五	五	五			
	实习							一二	一二	一二
药品鉴定	实习						三	三	三	九
伦理学		一	一	一						
独逸语		一〇	一〇	四	四	四	四	六	六	六
矿物学		三								
物理学		三	三							
体操		三	三	三						
计		二八	三〇	三一	三二	三三	三三	三五	三七	三八

丁 外国语学校

凡英语、佛语、独语、露语、伊语、西语、清语、韩语八学科。

各语学科课目及每周授业时数表									
科目	(英)(佛)(独)语学科			(露)(伊)(西)语学科			(清)(韩)语学科		
	第一年	第二年	第三年	第一年	第二年	第三年	第一年	第二年	第三年
正科语学	一八	一八	一八	一八	一八	一八	一八	一八	一八
副科语学 英语	(四)	(四)	(四)	(四)	(四)	(四)	四	四	四
副科语学 佛语	(四)	(四)	(四)	(四)	(四)	(四)			
副科语学 独语	(四)	(四)	(四)	(四)	(四)	(四)			
国语	(二)	(一)	(一)	(二)	(一)	(一)			
							三	二	二
汉文		(一)	(一)	(二)	(一)	(一)			
经济学		(三)	(三)		(三)	(三)		(二)	(二)
国际法		(三)	(三)		(三)	(三)		(二)	(二)
教育学		(二)	(二)		(二)	(二)		(一)	(一)
言语学		(二)	(二)		(二)	(二)		(一)	(一)
体操	三	三	三	三	三	三	三	三	三
计	二七	二八	二八	二七	二八	二八	二八	二九	二九

注意 一、正科语学第二年若第三年并各该国之历史、地理及文学大要教授之为要。

二、表中加( )印者得随意选修。

戊　音乐学校

本校之学科，大别为预科、本科、研究科、师范科及选科。

预科之修业年限一学年，本科之修业年限三学年，研究科之修业年限二学年。

预科之学科目：伦理、唱歌、Piano、乐典写谱、国语、英语、体操、方舞，课外置汉文。

本科分声乐部、器乐部、乐歌部。其学科细目如下：

声乐部：伦理、独唱歌、诸重音唱歌、Piano 又 Organ、和声学、乐典、音乐史、音响学、乐式一班、审美学、歌文、外国语、体操、方舞。

器乐部：伦理、器乐、诸重音唱歌、和声学、乐典、音乐史、音响学、乐式一班、审美学、歌文、外国语、体操、方舞。

乐歌部：伦理、歌文、支那诗文、西洋诗文、历史、诸重唱歌、Piano 又 Organ、和声学、乐典、乐式一班、音乐史、音响学、审美学、外国语、体操、方舞。

随意科课教育学及教授法，课外学科置生理学、心理学、乐器构造法及调律法。

预科

预科之学科课程如下：

预科学科课程		
学科目	时　间　数	
伦　　理		一
唱　　歌		八
Piano.	第一学期	六
	第二、三学期	三
乐　　典		一
写　　谱	第二、三学期	一
国　　语		四
英　　语		四
体　　操 ×方　　舞		二
课外汉文		二
计	第一学期	二六
	第二、三学期	二四
练　　习	第一学期	八
	第二、三学期	一〇
有×印之科目，仅课女生徒者。		

本科之学科课程如下：

本科

本科学科课程												
部名	声乐部时间数			器乐部 Piano. Organ. 专门			时间数 他乐器专门			乐歌部时间数		
学年 / 学科目	第一年	第二年	第三年	第一年	第二年	第三年	第一年	第二年	第三年	第一年	第二年	第三年
伦理	一	一	一	一	一	一	一	一	一	一	一	一
声乐 独唱歌	三 练习四	二 同上四	三 同上四	五乃至三	三	三	五乃至三	三	三	三	三	三
声乐 诸重音唱歌	五	五	五									
器乐 Piano 又 Organ,	二 练习六	二 同上七	二 同上五	三 同上一四	三 同上一五	三 同上一三	三 同上四			二 练习七	二 同上八	二 同上六
器乐 Violin 等等							三 练习八	三 同上一五	三 同上一三			
和声学		二	二		二	二		二	二		二	二
乐典	一			一			一			一		
歌文	三	三	三	三	三	三	三	三	三	七	七	七
支那诗文											二	二
西洋诗文											三	三
历史										二	二	二
乐式一班			二			二			二			二
音乐史	二	二		二	二		二	二		二	二	
音响学	二			二			二			二		
审美学			二			二			二			二
英语若独、佛语	三	三	三	三	三	三	三	三	三	五		
×体操 方舞	二	二	二	二	二	二	二	二	二	二	二	二
课外学科 生理学	一	一	一	一	一	一	一	一	一	一	一	一
课外学科 心理学	一	一	一	一	一	一	一	一	一	一	一	一
课外学科 乐器构造法	一	一	一	一	一	一	一	一	一	一	一	一
课外学科 调律法	一	一	一	一	一	一	一	一	一	一	一	一

续表

本科学科课程												
计	二四 练习一〇	二三 同上一一	二五 同上九	二〇 同上一四	一九 同上一五	二一 同上一三	二二 同上一二	一九 同上一五	二一 同上一三	二七 同上七	二六 同上八	二八 同上六
有×印之科目，仅课女生徒。												

研究科

随意科：教育学及教授法二时间，实地授业若干时间。

研究科：为专攻声乐、器乐、作歌及作曲者设之，其学科课程如下：

研究科学科课程										
部名	声乐时间数		器乐时间数 Piano. Organ. 专门		器乐时间数 他乐器专门		作歌时间数		作曲时间数	
学科目＼学年	第一年	第二年	第一年	第二年	第一年	第二年	第一年	第二年	第一年	第二年
声乐 独唱歌	二三									
声乐 诸重音唱歌练习	二									
器乐 Piana 又 Organ			三				二		二	
器乐 Violin. Viola					三					
器乐 其他					一					
唱歌指挥法	三									
作曲	一		二		二		一		四	
听音	三		三		三				三	
管弦乐指挥法			二		二				二	
合奏练习			二		二				二	
作歌							四			
西洋诗文							二			
歌文							四			
计	一二 练习二二			一二 同上二二	一三 同上二一		一三 同上二一		一三 同上二一	

己　美术学校

本校置绘画、图按、雕刻、建筑、美术工艺诸科，养成各科专门技术家及普通图画教员，但建筑科暂缺之。

各科之修业年限四年，入学之初，别一年间，履修预备之课程。预备课程及各科课程如下：

预备课程：

甲种　（绘画科　图按科　漆工科）

绘画	每周二十八时
历史	每周　五　时
美术史	每周　二　时
外国语	每周　二　时
体操	每周　二　时

乙种　（雕刻科　雕金科　锻金科　铸金科）

雕塑	每周　十八时
绘画	每周　十　时
历史	每周　五　时
美术史	每周　二　时
外国语	每周　二　时
体操	每周　二　时

绘画科

绘画科（日本画科、西洋画科中一科）：

［第一年］

实习	每周三十三时
历史及考古学	每周　二　时
美术及美术史	每周　二　时
美术解剖（仅西洋画科于实习时间内课之）	每周　一　时
远近法（同上）	每周　一　时
体操	每周　二　时

［第二年］

实习	每周三十五时
历史及考古学	每周　二　时
美术解剖（仅西洋画科于实习时间内课之）	每周　一　时
远近法（同上）	每周　一　时
体操	每周　二　时

［第三年］

实习	每周三十八时
历史及考古学	每周　一　时
美术解剖（仅日本画科于实习时间内课之）	每周　一　时
远近法（同上）	每周　一　时

［第四年］

实习	每周三十九时
用器画法（欲为教员者于实习时间内课之）	每周　六　时
教育学（同上）	每周　二　时

图按科：　　　　图按科

［第一年］

实习	每周 十六 时
绘画	每周 十二 时
历史及考古学	每周 二 时
美学及美术史	每周 二 时
图按法	每周 二 时
建筑装饰史	每周 三 时
体操	每周 二 时

［第二年］

实习	每周 十四 时
绘画	每周 十二 时
历史及考古学	每周 二 时
建筑装饰术	每周 三 时
物品制作大意	每周 三 时
用器画法	每周 三 时
体操	每周 二 时

［第三年］

实习	每周二十六时
绘画	每周 十二 时
历史及考古学	每周 一 时

［第四年］

实习及卒业制作	每周三十九时
用器画法(欲为教员者于实习时间内课之)	每周 六 时

教育学(同上)　　每周　二　时

雕刻科

雕刻科：

[第一年]

塑造　　每周二十四时

实材制作(木雕、牙雕、石雕、铸金择其一学之)

绘画　　每周　八　时

历史及考古学　　每周　二　时

美学及美术史　　每周　二　时

美术解剖　　每周　一　时

体操　　每周　二　时

[第二年]

塑造　　每周三十四时

实材制作　　每周　二　时

历史及考古学　　每周　一　时

美术解剖　　每周　二　时

体操

[第三年]

塑造 }
实材制作 }　　每周三十八时

历史及考古学　　每周　一　时

[第四年]

塑造 }
实材制作 }
卒业制作 }　　每周三十九时

美术工艺科

雕金科：

[第一年]

实习	每周 二十 时
绘画及图按	每周 九 时
历史及考古学	每周 二 时
美学及美术史	每周 二 时
图按法	每周 二 时
美术解剖	每周 一 时
金工史	每周 一 时
体操	每周 二 时

[第二年]

实习	每周二十四时
绘画及图按	每周 九 时
历史及考古学	每周 二 时
应用化学	每周 二 时
体操	每周 二 时

[第三年]

实习	每周二十八时
绘画及图按	每周 九 时
历史及考古学	每周 一 时
应用化学	每周 一 时

[第四年]

实习及卒业制作	每周三十九时

锻金科

锻金科：

[第一年]

实习	每周 二十 时
绘画及图按	每周 九 时
历史及考古学	每周 二 时
美学及美术史	每周 二 时
图按法	每周 二 时
美术解剖	每周 一 时
金工史	每周 一 时
体操	每周 二 时

[第二年]

实习	每周二十四时
绘画及图按	每周 九 时
历史及考古学	每周 二 时
应用化学	每周 二 时
体操	每周 二 时

[第三年]

实习	每周二十八时
绘画及图按	每周 九 时
历史及考古学	每周 一 时
应用化学	每周 一 时

[第四年]

实习及卒业制作	每周三十九时

铸金科：

铸金科

[第一年]

实习	每周 二十 时
绘画及图按	每周 九 时
历史及考古学	每周 二 时
美学及美术史	每周 二 时
图按法	每周 二 时
美术解剖	每周 一 时
金工史	每周 一 时
体操	每周 二 时

[第二年]

实习	每周二十四时
绘画及图按	每周 九 时
历史及考古学	每周 二 时
应用化学	每周 二 时
体操	每周 二 时

[第三年]

实习	每周二十八时
绘画及图按	每周 九 时
历史及考古学	每周 一 时
应用化学	每周 一 时

[第四年]

实习及卒业制作　　每周三十九时

漆工科

漆工科：

[第一年]

实习	每周二十一时
绘画及图按	每周　九　时
历史及考古学	每周　二　时
美学及美术史	每周　二　时
图按法	每周　二　时
漆工史	每周　一　时
体操	每周　二　时

[第二年]

实习	每周二十四时
绘画及图按	每周　九　时
历史及考古学	每周　二　时
应用化学	每周　二　时
体操	每周　二　时

[第三年]

实习	每周二十八时
绘画及图按	每周　九　时
历史及考古学	每周　一　时
应用化学	每周　一　时

[第四年]

实习及卒业制作　　每周三十九时

第四　实业教育

甲　实业学校教员养成所

（实业学校令参照）

农业教员养成所之修业年限一年。

商业教员养成所之修业年限二年。

工业教员养成所之修业年限三年。

农业教员养成所之学科目：伦理、农业泛论、农艺化学、耕种、畜产、农业经济、教育学、教授法、体操。

商业教员养成所之学科目：伦理、商业作文、商业算术、商业地理、商业历史、簿记、商品经济学、商业学、商法、商业实践、英语教育学、教授法、体操。

工业教员养成所置本科及速成科，本科分金工科、木工科、染织科、窑业科、应用化学科、工业图案科；速成科分金工科、木工科、染色科、机织科、陶器科、漆工科。但各学科之科目，在本科者揭之于下，在速成科者别定之。

金工科、木工科之科目：伦理、数学、物理学、图画、无机化学、应用重学、工场用具及制作法、工业经济、工业卫生、英语、教育学、教授法、体操、实习。之外，在金工科：电气工学大意、发动机机械制图；木工科：构造用材料、家具及建筑流派、家屋构造、卫生建筑、制图及意匠。

染色科、窑业科、应用化学科科目：伦理、数学、物理学、化学、图画、一般应用化学、应用机械学、定性分析、定量分析、工业分析机械制图、工业经济、工业卫生、英语、教育学、教授法、体操、实习。之外，染织科：染色及配色、机织及意匠；窑业科：窑业品制造；应用化学科：特别应用化学、电铸及电镀。

工业图案科科目：伦理、数学、物理学、化学、图画、图案材料、机械制图、工业经济、工业卫生、英语、教育学、教授法、体操、实习。

实业教员养成所生徒、师范学校卒业者，得不课教育学。

乙　工业学校

（工业学校规程参照）

工业学校修业年限三年，但得一年以内之延长。

工业学校之学科目：修身、读书、作文、数学、物理、化学、图画、体操，并关实业各学科及实习。但本项科目外，地理、历史、博物、外国语、经济、法规、簿记及其他科目，得便宜加设。

实业各学科科目由下方所载各事项选择，或便宜分合定之。

一、土木科：测量、应用力学、河海工、道路、铁道、桥梁、施工法、制图等。

一、金工科：应用力学、工场用具及制作法、制造用诸机械大意、发动机大意、制图等。

一、造船科：应用力学、工场用具及制作法、发动机大意、造船制图等。

一、电气科：应用力学、工场用具及制作法、发动机大意、电气及磁气、电气工学、制图等。

一、木工科：应用力学、家屋构造、工场用及制作法、建筑沿革、施工法、配景法、制图及绘画等。

一、矿业科：地质、采矿、冶金、试金、应用力学、发动机大意、测量、制图及抗内演习等。

一、染织科：机织法、色染法、应用化学、应用机械学、分析、制图及绘画等。

一、窑业科：窑业品制造、应用化学、应用机械学、分析、制图及绘画等。

一、漆工科：漆器制造法、工艺史、绘画应用化学大意等。

一、图案绘画科：配景法、解剖大意、工艺史、建筑沿革大意、绘画、应用化学大意、各种工艺品图案等。

前项之外为特种工业，得设便宜学科。

工业学校入学者之资格，年龄十四年以上修业年限四年高等小学校卒业，或有同等以上之学力者，但外国语加于试验科目之中。

工业学校得附设预科，预科之修业年限二年以内。

预科学科目：修身、读书、习字、作文、算术、地理、历史、理科、图画、体操、但得加外国语。

预科入学之资格，于年龄十二年以上，学力高等小学二学年修了以上者定之。

丙　徒弟学校

（徒弟学校规程参照）

徒弟学校入学者之资格，年龄十二年以上及寻常小学校卒业以上定之。

徒弟学校之教科目　修身　算术　几何　物理　化学　图画及关职业诸教科目并实习

徒弟学校之修业年限，六月以上，四年以下。

丁　农业学校

（农业学校规程参照）

农业学校为甲乙二种。

甲种农业学校修业年限三年，但得一年以内之延长。

甲种农业学校之学科目：修身、读书、作文、数学、物理、化学、博物、经济、体操并实业科目及实习。但本项科目之外，地理、历史、外国语、法规、簿记、图画及其他科目、得便宜加设。

关实业之科目：土壤、肥料、作物、园艺、农产制造、畜产、养蚕病、虫害、气候、林学大意、兽医学大意、水产学大意等选择习之，得又便宜分合定之。

甲种农业学校入学者之资格，年龄十四年以上，修业年限四年高等小学校卒业及有同等以上之学力者，但外国语于试验科目加之。

乙种农业学校之修业年限三年以内。

乙种农业学校之学科目：修身、读书、习字、作文、算术、理科、体操并实业科目及实习。但本项科目之外，地理、历史、经济、图画及其他科目，得便宜加设。又依土地之情况，有缩短期日之要者，修身及实业科目之外，得缺一科若数科。

关实业科目：土壤、肥料、作物、农产制造、家畜、养蚕病、虫害、气候等选择习之，或便宜分合定之。

乙种农业学校入学者之资格，于年龄十二年以上，修业年限四年，寻常小学校卒业者定之。

甲种农业学校，得附设预科。

预科之修业年限为二年以内。

预科之授业时数，每周三十时以内。

预科之学科目：修身、读书、习字、作文、算术、地理、历史、理科、图画、体操，但得加外国语。

预科入学者之资格于年龄十二年以上，高等小学校第二学年修了以上者定之。

蚕业学校：山林学校、兽医学校之学科目如下：

甲种学校：修身、读书、作文、数学、物理、化学、博物、经济、体操并实业科目及实习。但本项科目外，地理、历史、外国语、法规簿记、图画及其他科目便宜加设，兽医学校数学、物理、博物、经济得缺之。

乙种学校：修身、读书、习字、作文、算术、理科并实业科目及实习。但本项科目之外，地理、历史、经济、图画、体操及其他科目便宜加设，又依土地之情况须短缩期限者，修身及实业科目之外，一科若数科缺之。

甲乙两种学校各学科实业科目，由下揭事项中选择或便宜分合定之。

一、蚕业学校：蚕体解剖生理及病理、养蚕及制种、制丝、桑树栽培、气候、农学大意等。

一、山林学校：造林及森林保护、森林利用、森林测量及土木、测树术及林价算法、森林经理、气候、农学大意等。

一、兽医学校：解剖及组织、生理、药物及调剂法、蹄铁法及蹄病论、内科、外科、寄生动物、畜产、卫生、兽疫、产科、剖检法等。

戊　水产学校

（水产学校规程参照）

水产学校本科修业年限三年。但依土地之情况，二年至五年以内得伸缩之。

水产学校本科学科目：修身、国语、数学、地理、物理、化学、博物、图画、法规及惯习、经济、体操并实业学科科目及实习。但修身、实业学科目及实习外，本项之学科目得便宜阙之。

前项学科目之外，历史、外国语、簿记、唱歌及其他学科目，得便宜加设。

实业各学科之科目：由下揭事项选择，或便宜分合定之。

一、捞鱼科：水产学大意、捞鱼论、水产动物、水产植物、航海术、运用术、气象及海洋学、船舶卫生及救急疗法等。

一、制造科：水产学大意、制造论、水产动物、水产植物、细菌学大意、分析、机械学大意等。

一、养殖科：水产学大意、养殖论、水产动物、水产植物、发生学大意等。捞鱼、制造养殖之三学科，并授二学科以上之科目，由前项学科目选择，又便宜分合定之。

水产学校入学本科者资格，年龄十四年以上，修业年限四年高等小学校卒业，及有同等以上之学力者。

水产学校得置预科。

预科修业年限二年以内。

预科教授时数每周三十时以内。

预科学科目：修身、国语、算术、地理、历史、理科、图画、体操，但得加外国语、唱歌。

预科入学者之资格，于年龄十二年以上，学力高等小学校第二学年修了以上者定之。

己　商业学校

（商业学校规程参照）

商业学校为甲乙二种。

甲种商业学校修业年限三年，但得一年以内之延长。

甲种商业学校之学科目：修身、读书、习字、作文、数学、地理、历史、外国语、经济法规、簿记、商品、商事要项、商业实践、体操。但本项科目之外，他之科目得便宜加设。

甲种商业学校入学者之资格，年龄十四年以上，学力修业年限四年高等小学校卒业及有同等以上之学力者，但外国语于试验科目加之。

乙种商业学校之修业年限三年以内。

乙种商业学校学科目：修身、读书、习字、作文、算术、地理、簿记、商事要项、体操。但本项科目之外，他科目便宜加设。

乙种商业学校入学者之资格，于年龄十年以上，修业年限四年寻常小学校卒业者定之。

甲种商业学校得附设预科。

预科修业年限为二年以内。

预科学科目修身：读书、习字、作文、算术、地理、历史、外国语、理科、图画、体操。但本科加设理科及图画者缺之。

预科入学者之资格，于年龄十二年以上，学力高等小学校第二学年修了以上者定之。

庚　商船学校

（商船学校规程参照）

商船学校分甲乙二种。

甲种商船学校修业年限为三年以内。

甲科商船学校学科目修身：读书、作文、数学、物理、地理、外国语、图画、体操，并实业各学科科目及实习。但本项科目外化学、法规及其他科目，得便宜加设。

实业各学科科目由下揭事项选择，或便宜分合定之。

一、航海科：运用术、航海术、机关术大意、海上气象学大意、造船学大意等。

一、机关科：机关术、机关制图、力学、应用力学、电气学大意等。

甲种商船学校入学者之资格：年龄十四年以上修业年限四年高等小学校卒业。或有同等以上之学力者，但外国语于试验科目加之。

乙种商船学校之修业年限二年以内。

乙船商船学校之学科目：修身、读书、习字、作文、数学、体操并实业各学科之科目及实习。但本项科目外，他科目得便宜加设。

实业各学科科目由下揭事项选择，或便宜分合定之。

一、航海科：运用术大意、航海术大意、海上气象学大意等。

一、机关科：机关术大意、机械制图、物理、化学等。

乙种商船学校入学者之资格：于年龄十年以上，学力修业年限四年寻常小学校卒业以上者定之。

甲船商船学校得附设预科。

预科修业年限二年以内。

预科授业时数每周三十时以内。

预科学科目：修身、读书、习字、作文、算术、地理、历史、理科、外国语、图画、体操。

预科入学者之资格：于年龄十二年以上，学力高等小学校第二学年修了以上者定之。

辛　实业补习学校

（实业补习学校规程参照）

实业补习学校入学者学力程度：于寻常小学校卒业以上者定之。

实业补习学校教科目：修身、读书、习字、算术及实业科目，但修身附带读书。

实业补习学校实业教科目由下揭事项选择，或便宜分合定之。

一、工业地方：图画、模型、几何、物理、化学、重学、工艺意匠、手工类。

二、商业地方：商业书信、商业算术、商品、商业地理、簿记、商业习惯及法令大略、商业经济、外国语之类。

三、农业地方：农业大意或耕耘、害虫、肥料、土壤、排水、灌溉、农具、树艺、家畜、养蚕、森林、农业帐簿、丈量之类。

前项之外，水产、机织、刺绣、其他或职业便宜之科目定之。

实业补习学校修业年限三年以内。

实业补习学校虽日曜日或夜间，得便宜设教授时间。

壬　东京高等工业学校

本校教科：染织科、窑业科、应用化学科、机械科、电气科、工业图案科六科。各教科专门科目之外，伦理、数学、物理学、化学、一般应用化学、应用机械学(一般应用化学、应用机械学之二科目不课于机械科、电气机械分科、工业图案科等)、图画、机械制图、理化学实验(机械制图、理化学实验之二科目不课于工业图案科)、工业法规(当分缺之)、工业经济、工业卫生、工业簿记、工场建筑、英语、体操。诸学科各教科生徒通其轻重难易与学力程度，于三学年间配置长短时间。

染织科色染分科学科课程

科目	第一年	第二年	第三年
色染		第一、纤维精练漂白媒染剂 二 第二、浸染 二 第三、浸染、捺染 二	第一、二 浸染、捺染 二
机械及组织	第一、二 织物组织 一	织物组织、机织用机械 二	
织物整理			第一、二 一
工场实修及实验	机织 第一机织练习织物解剖 七 第二机织练习织物解剖 八 色染	第三 综绕编实验织物解剖组织新案 二〇 第一、二 木棉、麻精练漂白 浸染 九	第一 毛及绢精练漂白浸染 一八 第二 捺染、蓝建 一八 第三 染色诸种实验 二七

染织科机织分科学科课程

科目	第一年	第二年	第三年
应用力学		第二机械其他 四	
机织及组织	第一、二 织物组织 一	织物组织机织用机械 二	第一、二织物制造法、力织机 四 第三、织物制造法 二
色染		第一 纤维精练、漂白、媒染剂 二 第二、三 浸染 二	
织物整理			第一、二 一
纺绩			第一、二 二
工场实修及实验	机织 第一 机织练习、织物解剖 七 第二 机织练习、织物解剖 八 色染	第三（综绕编实验、织物解剖、组织新案）一七 第一 精练、漂白、浸染 一四 第二 浸染捺染 一〇	第一、二 Jacquard机织实修 同制图、织物解剖 力织机、撚丝实修 一九 第三 同上 三〇

窑业科学科课程

科目	第一年	第二年	第三年
应力 地质学	第三　二		
窑业		陶磁器、玻璃.Cement　四	陶磁器　一
工场实修 及实验	第一　八 第二　七	第三　二〇	第一、二　二二 第三　二八

应用化学科学科课程

科目	第一年	第二年	第三年
制造用 机械			第二　制纸、制糖　三 第三　制油、制粉等　二
冶金学			第三　三　二
特别 应用化学		第一颜料、制纸淀粉　四 第二油类、砂糖　四 第三石油、酿造　四	第一　树脂　木材干馏　四 第二　石油、制革　四 第三　色素等　二
电气化学		第一总论、电镀　二 第二电镀、电铸　二 第三、电气　Alkari　二	
工场实修 及实验	第一　一二 第二　一〇	第三　二〇	第一　二〇 第二　一七 第三　二五

机械科学科课程

科目	第一年	第二年	第三年
工作法	三	一	
钢铁论			坩埚 Ressemer，Seamens Martin 法等　一
应用力学	第三　力学	第一：材料强弱　三；水力学　三 第二　机构其他　三	
电气工学		第一、发电机发动机　二 第二、三：发电机、发电机电灯；电力传递等　二	
制造用机械			第一、唧筒、水压机、纺绩　四 第二、纺绩、制纸　三 第三、制动、制糖其他　二
发动机		第二、蒸气论、汽机　二 第三：汽机汽罐　四；水车瓦斯发动机等　三	第一、二、发动机设计　四
工场实修及实验	第一、木工、铸造　八	第一　锻工、仕上、铜工、工场用图　一〇	第一：土木、铸造、锻工、仕上及实验、设计图　一三
	第二、木工、铸造　一二	第二　锻工、仕上、铜工、工场用图　一四	第二：同上材料机械油 Caesic 燃料汽关汽机水力等　二四
	第三、木工、铸造　八	第三　锻工、仁上、铜工、工场用图　一六	第三：同上材料机械油 Caesic 燃料汽关汽机水力等　二九

备考：第三年实修依生徒之志望，下之三项中得专修一项，又得通习一项若三项：

（一）木工、铸造、制钢；（二）锻工、镟工；（三）制图。

电气科电气机械分科学科课程

科目	第一年		第二年		第三年	
电气磁气	第二、三	三				
工作法		三		一		
应用力学	第三　力学	三	第一、材料强弱	三		
			第一、水力学	三		
			第二、机构其他	四		
电气工学			电气应用一般	二	电信、电话、电灯、电力传送、电气铁道	五
			第二、支流电论	三		
			第三、发电机电动机等设计	三	发电机、电动机等设计	二
发动机			第二、蒸汽论汽机	二		
			第三、汽机汽罐	四		
			第三、水车瓦斯发动机等	三		
工场实修及实验	机械　第一	八	第一	六		
	机械　第二	六	第二	五		
	机械　第三	三	第三	一〇		
			第一	四		
	电气　第二	三	第二	五		
	电气　第三	二	第三	三		二五

电气科电气化学分科学科课程

科目	第　一　年	第　二　年	第　三　年
电气磁气	第二、三　三		
电气工学		第一　发电机、电动机　二 第二、三 同上电灯、电力传送等　二	
冶金学			第一、二　二
特别应用化学		第一　颜料　二 第二　油类　二 第三　石碱　二	第一　制纸糖类　二 第二　制革　二
电气化学		第一　总论电镀　二 第二　电镀电铸　二 第三　电气 Alkari 等二	第一　电气 Alkari 电气冶金　二 第二　电气冶金　二
工场实修及实验	电气 机械 电气第一　一二 化学第二　七	第一、二　四 第三　四 第三　电铸　一七	第一　电铸电气化学　二〇 第二　电气化学电气冶金　二〇 第三　电气化学电气冶金　二九

备考：电铸、电镀、电气象眼等专修者，于第三年割实修时间课自在画。

工业图案科学科课程

科目	第一年	第二年	第三年
图案法	二	有职故实　一 建筑装饰　一	有职故实　一 建筑装饰　一
工艺史	一	一	
应用解剖		一	
绘画	第一、二　七 第三　九	第一、二　八 第三　九	第一、二　一二 第三　一一
周器画	第一　四 第二　五 第三　六	第一　四 第二　三	
工场实修	第一　木工　四 第二　金工　四 第三　制版　四	第一　漆工　六 第二　窑业　六 第三　染织　八	特修制作　六
图案实修	第一　三 第二　四 第三　六	第一　九 第二、三　一〇	第一、二　一三 第三　一四

癸　高等商业学校

本科修业年限：本科三年，预科一年。

预科及本科学科中，内外国语、英语外，清、佛朗西、日耳曼、西班牙、伊太利、露西亚、韩七国语选修一种。

共同学科学科课程

科目	第一年	第二年	第三年
伦理	隔周 一	隔周 一	隔周 一
数学	第一 代数、几何 五		
	第二 代数、几何、三角法(色窑、应电化、图) 五		
	第二 代数、几何、三角法（织机、 解析几何 电机） 五	第一 微积分大学（机电机） 四	
	第三 三角法（色窑、应电化、图） 二		
	第三 三角法、解析几何（织机、电机） 五		
物理学	普通物理 三	应用物理 二	
化学	第一无机 (色、织窑、应、电化) 五		
	第一无机 (机、电机、图) 四		
	第二无机 无机、有机(色、织窑、应、电化) 五		色素（色） 二
	无机（机、电机、图） 二		
	第三有机（色、织窑、应、电化） 三		
矿物学	第二（窑、应、电化、） 二		

续表

科目	第一年	第二年	第三年
一般应用化学		第一、燃料、筑窑（色窑、应、电化） 二 第二、石炭瓦斯、硫酸（色窑、应、电化） 二 第三、Alkari（色窑、应、电化） 二	
应用机械学		第一、力学材料强弱（织） 三 第二、机构、水力学（织） 三 第三、发动机大意（织） 三	第一、力学、材料强弱（色窑应、电化） 三 第二、机构、水力学（色窑应、电化） 三 第三、发电机大意（色窑应、电化） 三
图画	自在画： 第一｛（色、织窑、） 六；（应、机电化） 二｝ 第二｛（色、织窑、） 五；（应、机、电化） 二｝ 第三｛（色、机、窑） 三；（应、机、电化） 二｝ 用器画： 第一｛（色、织、窑、应、电化） 六；（织、电、机） 八｝ 第二、三（色织、窑、应、机电机、电化） 六	第一｛（色、窑） 二；（织） 四｝ 第二、三｛（色、窑） 二；（织） 四｝	第一、二（色、织、窑） 三

续表

科目	第一年		第二年		第三年	
机械制图	机械制图法（色、织、窑、应、电化）	三				
	机械部分设计（机、电机）	五				
理化学实验	物理实验 第三（色、织、窑、应、机、电机、电化）	三	第一、二 色、织、窑、应、电化	三		
	化学分析 定性 第三（色）	一三	定量 第一、二（色）	八		
	（织）	一〇	（窑、应）	一七		
	（窑、电化）	一一	（电、化）	一三		
	（应）	一四				
工业法规 一时缺之						
工业经济						一
工业卫生						一
工业簿记					第一、二普通、工业簿记	一
					第三、二普通、工场事务	一
工场建筑						一
英语		三		三		
体操	兵式	二	兵式	二	兵式 消防演习	二

预科学科课程表

学年 科目		一年 每周时间
一	商业道德	一
二	书法	一
三	作文	二
四	数学	四
五	簿记	三
六	应用物理学	二
七	应用化学	三
八	法学通论	二
九	英语	九
一〇	佛、西、独、伊、清、露、韩语，内一语	三
一一	体操	三
	时间合计	三三

本科学科课程表

科目 \ 学年		第一年	第二年	第三年
		每周时间	每周时间	每周时间
一	商业道德	一		
二	商业文	一	一	
三	商业算术	二	三	
四	商业地理	二	二	
五	商业历史			三
六	簿记	二	二	一
七	机械工学	一		
八	商品学	二	二	
九	经济学	三	二	一
一〇	财政学			二
一一	统计学			一
一二	民法	三	二	一
一三	商法			四
一四	国际法			二
一五	英语	六	六	六
一六	佛、西、独、伊、清、露、韩语，内一语	三	三	三
一七	商业学	三	六	
一八	商业实践			八
一九	体操	三	三	
时间合计		三二	三二	三三

附录　大学预科学科规程

文部省令第十三号（明治三十三年八月四日）
高等学校大学预科学科规程

第一条　高等学校、大学预科之学科，分第一部、第二部及第三部。

第一部学科：愿入法科大学及文科大学者；第二部学科：入工科大学、理科大学、理工科大学及农科大学者；第三部学科：入医科大学者，入之。

第二条　第一部学科：伦理、国语及汉文外国语、历史、论理及心理、法学通论、体操。

前项学科之外，愿入文科大学者，课经济通论。

前二项学科中，愿入文科大学哲学科者，缺论理及心理课数学物理。

外国语：英语、独语及佛语中选修二种。

第一项学科之外，愿入法科大学者，以拉丁语为随意科。

第三条　第二部之学科：伦理、国语、外国语、数学、物理、化学、地质及矿物、图画、体操。

前项学科之外，愿入理科大学动物学科、植物学科、地质学科并入农科大学者，课动物及植物。入工科大学及理工科大学土木工学科、机械工学科、电气工学科、采矿及冶金学科、工科大学造船学科、建筑学科，理科大学及理工科大学之数学科、物理学科，理科大学之星学科并农科大学之农学科、农艺化学科、林学科者，课测量。

外国语：英语外，独语、佛语选修。但入工科大学及理工科大学电气工学科、应用化学科、制造化学科、采矿及冶金学科并入农科大学者，必选独语。

第一项学科之外，入理科大学之动物学科、植物学科、地质学科并农科大学之兽医学科者，以罗甸语为随意科。

第四条　第三部学科：伦理、国语、外国语、罗甸语、数学、物理、化学、动物及植物、体操。

外国语：独语之外，英语、佛语修。

第五条　各部各学科每周授业时数如下：

第一部

学年 学科	第一年	第二年	第三年
伦理			一
国语及汉文	六	五	四
英语	（九）	（九）	（八）
独语	（九）	（九）	（八）
佛语	（九）	（九）	（八）
历史	三	三	三
论理及心理		二	
法学通论			二
经济通论			［二］
体操	三	三	三
计	三〇	三一	二九 三一

备考：表中（ ）号，选择科目之时数；［ ］号仅入文科大学者所课之数也。

愿入文科大学哲学者，于第三年缺国语其所课数学物理之时数如下：

学年 学科	第一年	第二年	第三年
数学		二	
物理			二

以英语入学，愿习法科大学之独逸法、佛兰西法、法律学科并文科大学之独逸文学科、佛兰西文学科者，外国语授业时数变更如下：

学年 学科	第一年	第二年	第三年
英语	四	四	四
独语或佛语	一四	一四	一二

入法科者所课拉丁语随意科之授业时数如下：

学年 学科	第一年	第二年	第三年
拉丁语			一

第二部

学年 学科	第一年	第二年	第三年
伦理			一
国语	三		
英语	八	七	四
独语或佛语	八	七	四
数学	五	四	六
物理		三	三
化学		三	讲义三 实验二 五
地质及矿物			二
图画	四	四	二
体操	三	三	三
计	三一	三一	三〇

于第三年愿入理科大学之动物学科、植物学科、地质学科并农科大学之农学科、农艺化学科、兽医学科者，缺数学。入工科大学及理工科大学之土木工学科、机械工学科、工科大学之造船学科、建筑学科、理科大学及理工科大学之数学科、物理学科及理科大学之星学科者，缺化学之实验。理科大学各学科，理工科大学之数学科、物理学科、纯正化学科及农科大学缺图画，农科大学林学科缺英语。

愿入理科大学动物学科、植物学科、地质学科并农科大学者，所课动物及植物之授业时数如下：

学科 \ 学年	第一年	第二年	第三年
动物及植物			

工科大学及理工科大学之土木工学科、机械工学科、电气工学科、采矿及冶金学科，工科大学之造船学科、建筑学科、理科大学及理工科大学之数学科、物理学科，理科大学之星学科并农科大学之农学科、农艺化学科、林学科者，所课测量之授业时数如下：

学科 \ 学年	第一年	第二年	第三年
测　　量			三

入理科大学之动物学科、植物学科、地质学科并农科大学之兽医学科者，所课拉丁语随意科之授业时数如下：

学年／学科	第一年	第二年	第三年
拉丁语			二

第三部

学年／学科	第一年	第二年	第三年
伦理			一
国语	三		
独语	一三	一三	一〇
英语或佛语	三	三	三
罗甸语			二
数学	三	二	
物理		三	讲义三 实验三 六
化学		三	讲义三 实验三 六
动物及植物	四	实验 三	
体操	三	三	三
计	二九	三〇	三一

以独语入学者，外国语授业时数变更如下：

学科＼学年	第一年	第二年	第三年
独　　语	九	九	八
英语及佛语	七	七	五

第六条　前条各学科，以及预备生徒卒业后入分科大学各学科之程度为标准。

第七条　学校长受文部大臣之许可，愿入分科大学某科者所课一学科若数学科，得不置其学校。

附　则

第八条　本令由明治三十三年九月一日施行。

第九条　本令施行之际，现修第二年或第三年之课程者，迄其卒业，得受文部大臣之许可，依旧规程，若斟酌新旧之规程而教授之。

吴汝纶东游丛录

人名索引

四画

五画

六画

七画

八画

九画

十画

十一画

十二画

十三画

十四画

十八画

吴汝纶东游丛录

译名简释

三画

大辅

日本官职,可称总务长官

四画

瓦斯管

煤气管

风病院

精神病院

文部省

日本统管教育的机构

五画

白耳义

比利时

兰瑞

荷兰、瑞士

六画

西京

京都

伊大利

意大利

米国

美国

江户

明治元年改称东京

七画

邮便局

邮政局

伯利西尔

巴西

佛国

法国

八画

耶教

耶稣教

奈破仑

拿破仑

和兰

荷兰

独逸

德意志

盲喑学校

盲哑学校

十画

起水机

抽水机

高丽

朝鲜

十一画

康倍而其

Cambrigde，剑桥大学

十二画

蛙克斯福尔特

Oxford，牛津大学

奥大利

奥地利

普国

普鲁士、德国

十三画

慈惠病院

慈善医院

十五画

暹罗

泰国

澳大利匈牙利之共同国

奥匈帝国

十九画

警视厅

比警察署高一级的警务机构

二十一画

露国

俄国

走向世界丛书一百种

初编三十五种以＊标出

谢清高 **海录**（附三种）
* 容　闳 **西学东渐记**
* 林　鍼 **西海纪游草**
* 罗　森 **日本日记**
* 斌　椿 **乘槎笔记**
* 张德彝 **航海述奇**
* 王　韬 **漫游随录**
* 志　刚 **初使泰西记**
* 张德彝 **再述奇**（欧美环游记）
* 张德彝 **三述奇**（随使法国记）
王　芝 **海客日谈**
* 祁兆熙 **游美洲日记**
* 李　圭 **环游地球新录**
* 郭嵩焘 **伦敦与巴黎日记**
* 张德彝 **四述奇**（随使英俄记）
* 黎庶昌 **西洋杂志**
* 刘锡鸿 **英轺私记**
李凤苞 **使德日记**
钱德培 **欧游随笔**
* 何如璋 **使东述略及杂咏**
* 张斯桂 **使东诗录**
黄遵宪 **日本国志**
* 黄遵宪 **日本杂事诗**〔广注〕
陈兰彬 **使美纪略**
* 曾纪泽 **出使英法俄国日记**
* 王　韬 **扶桑游记**
* 徐建寅 **欧游杂录**
谭乾初 **古巴杂记**
王之春 **谈瀛录**
* 李筱圃 **日本纪游**
池仲佑 **西行日记**
蔡　钧 **出洋琐记**
袁祖志 **瀛海采问纪实**
张祖翼 **伦敦竹枝词**
王以宣 **法京纪事诗**
潘飞声 **西海纪行卷**
潘飞声 **柏林竹枝词**
潘飞声 **天外归槎录**
张荫桓 **三洲日记**
邹代钧 **西征纪程**
王咏霓 **道西斋日记**
张元济 **环游谈荟**
余思诒 **楼船日记**
缪祐孙 **俄游汇编**
张德彝 **五述奇**
* 傅云龙 **游历日本图经馀纪**
傅云龙 **游历美加等国图经馀纪**
洪　勋 **游历闻见录**
崔国因 **出使美日秘国日记**
* 薛福成 **出使英法义比四国日记**
* 薛福成 **出使日记续刻**
陈道华 **日京竹枝词**

严　修 **东游日记**

姚鹏图 **扶桑百八吟**

凤　凌 **游馀仅志**

* 黄庆澄 **东游日记**

吴宗濂 **随轺笔记**

宋育仁 **泰西各国采风记**

王之春 **使俄草**

伍廷芳 **美国视察记**

* 蔡尔康等 **李鸿章历聘欧美记**

张德彝 **六述奇**（附 七述奇未成稿）

刘学询 **考察商务日记**

黄　璟 **考察农务日记**

罗振玉 **扶桑两月记**

罗振玉 **扶桑再游记**

丁鸿臣 **东瀛阅操日记**

沈翊清 **东游日记**

* 梁启超 **新大陆游记**

张德彝 **八述奇**

载　振 **英轺日记**

吴汝纶 **东游丛录**

双　寿 **东瀛小识**

缪荃孙 **日游汇编**

周学熙 **东游日记**

* 单士厘 **癸卯旅行记**

凌文渊 **籥盦东游日记**

张　謇 **癸卯东游日记**

蒋　煦 **西游日记**

王景禧 **日游笔记**

陈　琪 **环游日记**

* 康有为 **意大利游记**

康有为 **德意志等国游记**

康有为 **英国游记**

* 康有为 **法兰西游记**

韩国钧 **实业界之九十日**

李濬之 **东隅琐记**

盛宣怀 **愚斋东游日记**

* 戴鸿慈 **出使九国日记**

金　鼎 **随同考察政治笔记**

* 载　泽 **考察政治日记**

程　淯 **丙午日本游记**

康有为 **西班牙等国游记**

杨泰阶 **东游日记**

文　恺 **东游日记**

左湘钟 **东游日记**

吕珮芬 **东瀛参观学校记**

* 林汝耀 **苏格兰游学指南**

* 单士厘 **归潜记**

金绍城 **十八国游记**

附 艾儒略 **职方外纪**

附 南怀仁 **坤舆图说**

附 丁韪良 **西学考略**

附 艾约瑟 **西学启蒙**

图书在版编目(CIP)数据

东游丛录/(清)吴汝纶著．—长沙：岳麓书社，2016．12
(走向世界丛书/钟叔河主编)
ISBN 978-7-5538-0618-1

Ⅰ．①东...　Ⅱ．①吴...　Ⅲ．①教育制度—介绍—日本—近代
Ⅳ．①G531．3

中国版本图书馆CIP数据核字(2016)第121092号

DONGYOU CONGLU

东游丛录

作　　者：吴汝纶
校 点 者：李长林
责任编辑：李缅燕
责任校对：舒　舍
封面设计：吴颖辉　贺红梅

岳麓书社出版发行
地址：湖南省长沙市爱民路47号
直销电话：0731—88804152　88885616
邮编：410006
岳麓书社网址：www.yueluhistory.com

2016年12月第1版第1次印刷
开本：890×1240　1/32
印张：9.75
字数：217千字
印数：1—3000
ISBN 978-7-5538-0618-1
定价：45.00元

承印：长沙超峰印刷有限公司

如有印装质量问题，请与本社印务部联系
电话：0731—88884129